내가 누군지도 모른 채
마흔이 되었다

내가 누군지도 모른 채
마흔이 되었다

The Middle Passage

인생의 중간항로에서 만나는 융 심리학

제임스 홀리스 지음

김현철 옮김

더퀘스트

내가 누군지도 모른 채 마흔이 되었다

초판 발행 · 2018년 1월 20일
초판 12쇄 발행 · 2023년 3월 15일

지은이 · 제임스 홀리스
옮긴이 · 김현철
발행인 · 이종원
발행처 · (주)도서출판 길벗
브랜드 · 더퀘스트
출판사 등록일 · 1990년 12월 24일
주소 · 서울시 마포구 월드컵로 10길 56(서교동)
대표전화 · 02)332-0931 | **팩스** · 02)323-0586
홈페이지 · www.gilbut.co.kr | **이메일** · gilbut@gilbut.co.kr
대량구매 및 납품 문의 · 02) 330-9708

기획 및 담당편집 · 박윤조(joecool@gilbut.co.kr) | **편집** · 안아람, 이민주 | **제작** · 이준호, 손일순, 이진혁
마케팅 · 한준희, 김선영, 이지현 | **영업관리** · 김명자, 심선숙 | **독자지원** · 윤정아, 최희창

교정교열 및 전산편집 · 이은경 | **표지디자인** · 나윤영 | **표지일러스트** · 최지욱
CTP 출력, 인쇄, 제본 · 상지사피앤비

ISBN 979-11-407-0290-9 03180
(길벗 도서번호 040186)

정가 17,500원

독자의 1초까지 아껴주는 길벗출판사

(주)도서출판 길벗 | IT교육서, IT단행본, 경제경영서, 어학&실용서, 인문교양서, 자녀교육서 **www.gilbut.co.kr**
길벗스쿨 | 국어학습, 수학학습, 어린이교양, 주니어 어학학습, 학습단행본 **www.gilbutschool.co.kr**

페이스북 **www.facebook.com/thequestzigy**
네이버 포스트 **post.naver.com/thequestbook**

그리고 나는 또 다른 거대하고도 영원한 삶의 공간이
내 안에 있음을 알게 된다.

_ 라이너 마리아 릴케, 〈내 존재의 어두운 시간을 사랑하네〉

삶의 여정 중간에,

어두운 숲속에서

길을 잃은 내가 보였다.

_ 단테, 《신곡: 연옥편》

우리의 마음은 새로운 빛과 침묵으로,

그리고 새로운 고통으로 흘러넘친다. (⋯)

수수께끼는 사나워지고, 신은 거대해진다.

어두운 힘 또한 거대해져 하늘로 올라가고,

인간이라는 섬 전체가 흔들린다.

_ 니코스 카잔차키스, 《신의 구원자들》

인생은 뒤를 기억하고 앞을 살아야 한다.

_ 쇠렌 키르케고르, 《키르케고르의 일기》

네 안에 깃든 것을 일깨운다면

그것이 너를 살릴 것이요,

그렇게 하지 못한다면

그것이 너를 죽일 것이다.

_ 《도마복음》

서문: 나는 누구인가

마흔이 되면 왜 이렇게 많은 사람들이 그토록 큰 혼란을 겪을까? 왜 하필 마흔일까? 우리는 왜 마흔을 위기라고 생각할까? 그런 혼란한 경험은 무엇을 의미할까?

흔히들 '중년의 위기'라고 하는 이 시기를 나는 '중간항로Middle Passage'*라 부르고 싶다. 이 시기에 우리는 삶을 재평가하고, 때로는 무섭지만 언제나 해방감을 주는 한 가지 질문 앞에 설 기회를 갖는다. '지금까지 살아온 모습과 맡아온 역할들을 빼고 나면, 나는 대체 누구인가?' 거짓된 자기self**를 쌓으며 살아왔다고, 비현실적인 기대를 하며 잠정적인 성인기를 보내왔을 뿐이라고 깨닫는 순간, 우리는 자신의 진짜 존재를 만날 수 있는 2차

---

* 아프리카 서해안과 서인도제도를 연결하는 대서양 횡단 항로로, 아프리카 노예들이 이 항로를 거쳐 아메리카 대륙으로 끌려갔다 - 옮긴이.

** 융 심리학에서 말하는 '자기'란 의식의 중심으로서의 '나', 즉 '자아(ego)'와는 구별되는 개념이다. 융은 우리 마음속에 인간을 완성된 전체로서 살게 하는 창조적 원동력인 '자기원형(archetype of self)'이 있다고 주장했으며, 인간의 의식과 무의식을 포괄하는 전체 정신을 '자기'라고 불렀다 - 옮긴이.

성인기에 들어설 수 있다.

중간항로는 1차 성인기라는 확장된 사춘기와 피할 수 없는 노년과 죽음 사이에서 한 인격을 재정의하고 전환할 수 있는 기회이자 통과의례다. 이 길을 의식적으로 여행하는 사람은 삶을 더 의미 있게 구축할 수 있다. 그러지 못한 사람은 겉으로 보이는 삶은 화려할지라도 정신적으로는 여전히 어린 시절의 트라우마에 갇힌 채 살 수밖에 없다.

지난 10여 년 동안 정신분석가로 활동하면서 만난 내담자 대부분이 이 중간항로를 통과하고 있었다. 그리고 나는 그들에게서 이 패턴을 반복해서 보았다. 중간항로는 물론 고통스럽지만 '자기감sense of self'을 바꿀 수 있는 멋진 기회를 선사한다. 따라서 이 책은 다음 주제를 다룬다.

우리는 원래의 자기감을 어떻게 습득했을까? 중간항로에 들어섰음을 알리는 삶의 변화들은 무엇일까? 자기감을 어떻게 재정립할 수 있을까? 카를 구스타프 융Carl Gustav Jung의 '개성화individuation'* 개념과 우리의 타

---

* 융은 "선한 사람이 되기보다 온전한 사람이 되고 싶다"라고 말했다. 개성화는 우리가 스스로 온전하다고 생각하는 모습에 가까이 다가서는 데 필수 요소다 – 옮긴이.

인을 향한 헌신 사이에는 어떤 관계가 있을까? 개성화를 이루고 중간항로를 지나 어두운 숲에서 의미 있는 삶으로 이동하려면 어떤 태도와 행동 변화가 필요할까?

심층심리학자(정신분석학자를 달리 일컫는 말 – 옮긴이)들은 이러한 성장 역량이 개인적인 책임을 받아들이고 내면화하는 능력에 달려 있다는 사실을 잘 알고 있다. 언제까지나 자신의 인생을 타인이 일으킨 문제, 따라서 '풀어야만 하는' 문제로 생각한다면 어떤 변화도 일어나지 않을 것이다. 삶을 통찰할 용기가 부족해도 삶은 바뀌지 않는다. 1945년, 융은 한 편지에서 개인의 성장에 관해 이렇게 말했다.

> (개인의 성장은) 통찰력, 인내력, 행동 세 요소로 이뤄진다. 이 중 심리학에 필요한 부분은 통찰력뿐이다. 인내력과 행동은 개인의 정신력에서 주요한 역할을 한다.[1]

많은 이들이 인생을 마치 소설처럼 대한다. 마지막 장에서 작가가 전부 설명해줄 거라 짐작하며 책장을 수동적으로 넘긴다. 헤밍웨이Ernest Hemingway가 말했듯 주인공이 죽지 않으면 작가가 이야기를 끝낸 것이 아니다. 따라서 소설 내용을 이해하든 이해하지 못하든 마지막

페이지에서 우리를 기다리는 것은 죽음뿐이다. 중간항로로의 초대에 응한다는 것은 남아 있는 삶의 페이지를 인식하고 그 결과에 책임을 지며, 우리 스스로 불러낸 삶의 거대함을 감당하겠다는 뜻이다.

삶이라는 소설 어디에 있든 우리가 새로운 삶을 불러낸다는 것은 앨프리드 테니슨Alfred Tennyson(19세기 영국의 시인 – 옮긴이)이 〈율리시스Ulysses〉에서 노래한 바와 같다.

긴 하루가 저문다. 느린 달이 오른다. 깊은 울림이 여러 목소리를 감싸고 돈다. 가자, 동지들이여,
새로운 세상을 찾기에 아직 늦지 않았도다.[2]

차례

1. 잠정 인격이 만들어지다

부모, 사회, 문화가 물려준 성격

2차 대전이 끝나고 얼마 지나지 않은, 내가 초등학교 5학년이었던 어느 날이었다. 담임선생님이 잠수함 잠망경으로 쓰려고 만든 유리 프리즘 몇 개를 갖고 오셨다. 우리는 쉬는 시간에 프리즘을 들여다보며 복도를 어슬렁거리다 벽에 부딪치고 서로에게 부딪치며 즐거워했다. 우리는 '현실이란 무엇일까?' 그리고 '저렇게 꺾인 가시각으로 어떻게 길을 찾을 수 있을까'라는 질문에 매료되었다. 늘 안경을 쓰고 다니는 친구들은 세상을 더 잘 볼까, 아니면 다르게 볼까? 우리 눈 속의 렌즈도 빛을 굴절한다는 점을 생각해보니, 내가 보는 현실마저 렌즈라는 녀석이 완전히 좌지우지하는 것은 아닌지 궁금했다.

어렸을 때 가졌던 이 생각은, 어떤 현실이든 어느 렌즈로 보느냐에 따라 어느 정도는 달라진다는 사실을 깨닫는 데 도움을 주었다. 우리는 많은 렌즈를 가지고 태어난다. 유전적 특질, 성별, 특정한 문화, 가정환경 등이 우리가 현실을 어떻게 느끼느냐에 영향을 끼친다. 나중에 돌이켜보면, 우리는 아마도 진정한 본성보다는 많은 경우 렌즈가 정하는 현실 시각에 의지해 살아왔다는 사실을 인정할 수밖에 없을 것이다.

임상치료사들은 종종 정서적 가족 계통을 보여주는 가계도를 그린다. 몇 세기에 걸친 가족의 역사에는 몇 가지 주제가 되풀이되어 나타나는데, 이를 보면 가족이 유전적 형질과 더불어 특정한 인생관을 세대에서 세대로 퍼뜨린다는 사실을 알 수 있다. 자식은 부모가 물려준 렌즈의 굴절된 관점으로 선택을 하며, 그 결과 역시 반복된다. 주어진 렌즈를 통해 세상의 어떤 측면을 보는 만큼 다른 면들은 놓치게 마련이다.

중간항로를 의미 있게 만드는 첫 번째 단계는, 가족과 문화로부터 얻은 렌즈가 실은 완전하지 않으며 세상의 일부만을 보여준다는 사실을, 그리고 불완전한 렌즈를 통해 결정을 내려왔고 그 결과 때문에 고통받았다는 사실을 깨닫는 것일지도 모르겠다. 다른 시간·다른 장소·다른 가치관을 가진 다른 부모에게서 태어났다면, 우리는 아마 지금과는 전혀 다른 렌즈를 갖게 되었을 것이다. 물려받은 렌즈로부터 나오는 것은 조건부 삶, 다시 말해 우리 자신의 진정한 모습이 아니라 삶을 이렇게 보아야 하며 선택은 저렇게 해야 한다고 키워진 결과로서의 삶이다. 자기중심주의라는 유혹에 빠져 자신의 세계관이 다른 세계관에 비해 우월하다고 여기며 이를 지키려는 경향은 모든 세대에 걸쳐 나타난다. 우리가 배운 세상을 바라보는 방식이 옳으며 다른 방식은 있을 수 없다고 철석같이 믿기도 한다. 우리가 그 방식에 길들여진 것일지도 모른다는 의심 따위는 거의 하지 않는다.

유년기를 아무리 풍요롭게 보냈다 하더라도 트라우마를 경험할 수 있다. 엄마 배 속에서 우주의 심박동과 연결됐던 아기는 갑자기 세상 밖으로 끌려나와 잃어버린 연결을 다시 찾으려 애써야 한다. 종교(religion의 어원은 '인간과 신 사이의 결속'을 뜻하는 religio 또는 '다시 연결한다'는 뜻의 라틴어 religare다)도 사실은 잃어버린 우주와의 연결고리를 찾으려는 탐색이 투영된 것으로 볼 수 있다. 빈곤, 기아, 다양한 학대를 경험한 사람들은 세상과 처음 만나면서 자기감에 충격을 받는다. 그들은 더 깊은 상처를 받지 않으려고 자신을 보호하느라 어린 시절부터 감정적·인지적·감각적 능력을 억제한다. 그 결과 교도소에 들어가거나 거리를 배회하는 소시오패스나 성격 이상자로 성장하기도 한다.

애석하게도, 내면이 이렇게 황폐한 사람은 성장과 변화를 이뤄낼 가능성이 비참할 정도로 낮다. 성장하기 위해서는 고통으로 가득 찬 세상에 자신을 내놓아야 하는데, 그 일이 너무 공포스럽기 때문이다. 타고난 본성과 사회화된 자신 사이에서 우리 대부분은 그저 신경증 환자 수준으로 생존하고 있다. 숙고하지 않은 성인기의 성격은 유년기 트라우마에서 비롯된 태도·행동·정신적 반사작용으로 이루어지고, 자신을 지속적으로 괴롭히는 어린 시절의 유기적 기억을 되도록 떠올리려 하지 않는다. 유년기의 유기적 기억을 우리는 '내면아이inner child'라고 부른다. 우리가 경험하는 다양한 신경증은 내면아이를 지키기 위해 무의식적으로 진화한 전략들이다. (여기서 '신경증neurosis'은 임상적 의미가 아니라 본성과 사회화 사이의 균열을 가리키는 일반 용어다.)

유년기에 겪는 상처의 본질은 크게 두 가지 기본 범주로 일반화할 수 있다. 1) 무시당하거나 버림받은 경험, 2) 삶의 무게에 짓눌린 경험이다.

'잠정 인격provisional personality'이란 연약한 아이가 존재의 불안을 관리하기 위해 취하는 연속적인 전략이다. 일반적으로 그러한 행동과 태도는 5세 이전에 형성되며 '자기보호'라는 공통된 동기를 가지고 놀랄 만큼 다양하게 전략적으로 변화하며 정교해진다.

전쟁·기아·장애 같은 외부 요소도 아이의 자기 및 세계 인식에 크게 영향을 끼치지만, 주된 영향은 부모-자식 관계의 특징에서 나온다. 인류학자들은 이른바 '원시문화'가 세상을 인지하는 과정을 기술하면서 어떻게 그 과정이 유년기 사고방식과 동일한지에 주목했다. 원시문화의 특징은 물활론적 사고animistic thinking와 주술적 사고magical thinking다.

원시문화의 획일적 사고와 마찬가지로 유년기에는 세계가 영혼적인 것과 뒤섞여 있다. 다시 말해 자기 안과 밖의 에너지가 현실을 이루는 동등한 측면이라고 생각한다. 이것이 물활론적 사고다. 그와 더불어 원시문화는 아이들처럼 내면의 현실과 외부세계가 서로 영향을 끼친다고 추론한다. 이것이 주술적 사고다. 자신이 사는 동굴이나 열대우림 너머의 세계를 알지 못했던 원시인과 마찬가지로, 아이는 더 편안하고 더 오래 생존하기 위해 자신의 환경을 해석하려 한다. (플라톤Plato은 유명한 우화에서 인간의 제한적인 이해 능력이 동굴에 갇힌 채 벽에 비치는 이미지만 보고 삶은 이런 것이라 말하는 죄수와 같다고 비유했다.) 아이가 세계에 대해 내리는 결론 역시 자신이 아는 좁은 범위에서 생겨났기 때문에 필연적으로 편견에 사로잡혀 있다. 아이는 "엄마 아빠에게 문제가 있었어요. 저도 그 영향을 받았죠"라고 말하지 못한다. 단지 삶은 불안하고 세상은 무서운 곳이라 생각할 뿐이다.

부모 – 자식의 환경을 이해하기 위해 아이는 세 가지 기본 방식으로 경험을 해석한다.

1) 촉각과 감정의 유대감 또는 부족함을 삶 자체에 대한 것으로 현상학적으로 해석한다. 예측 가능하고 내게 좋은가, 아니면 불확실하고 아프고 불안정한가? 이런 근원적 인식으로 아이는 신뢰 능력을 형성한다.

2) 부모의 특정 행동을 자신을 향한 것으로 생각하고 마음속에 간직한다. 아이는 부모 내면에 있는 현실을 객관적으로 인식하고 경험할 수 있는 능력이 거의 없기 때문에 부모의 우울함이나 분노, 불안을 사실상 자신 때문에 일어나는 것으로 해석한다. '엄마 아빠가 나를 보거나 대하는 모습이 진정한 나'라고 결론짓는 것이다. (37살 먹은 한 남자가 임종 직전의 아버지에게 물었다. "왜 저를 살갑게 대하지 않으셨나요?" 그러자 아버지는 "네가 10살 때 화장실에 장난감을 떨어뜨리는 바람에 내가 치우느라 얼마나 고생했는지 알기나 하냐?"로 시작해 이런저런 사소한 옛날 일을 장황하게 늘어놓았다. 아들은 비로소 자유로워져 병원을 나섰다. 늘 자격이 없어서 사랑받지 못했다고 생각했는데 실은 아버지가 제정신이 아니었던 것이다. 그제야 아들은 새로운 자아상을 가질 수 있게 되었다.)

3) 삶과 씨름하는 부모의 행동을 관찰하면서 아이는 행동 그 자체뿐 아니라 그 안에 감춰진 개인과 세계에 대한 태도까지 내면화한다. 그로부터 아이는 세상을

어떻게 대해야 하는가에 대해 중요한 결론을 도출한다. (한 여성 내담자는 늘 불안감에 시달리는 어머니와 살았는데, 대학에 입학하여 집을 떠나기 전에는 어머니가 항상 우울하고 불안한 게 이상하다는 생각조차 해본 적이 없다고 말했다. 1학년 때 내담자는 다른 학생들이 세상이 얼마나 끔찍한 곳인지를 잘 모르는 게 분명하다고 생각했다. 하지만 2학년이 되자 자신이 실은 어머니가 가진 불안 증세의 피해자였을지도 모르며, 이제는 자기 자신과 세상을 좀 더 가볍게 바라봐도 되지 않을까 생각하게 됐다.)

부모가 특정 이슈에 반응하는 매우 제한된 경험을 토대로 우리는 자기와 세계에 대해 결론내린다. '이 모든 경험은 나에 관한 것이며 날 위해 준비된 것'이라는 주술적 사고에 기대어 부모의 경험을 지나치게 개인적인 것으로 인식한다. 알지 못하는 것을 지금까지 알게 된 것만을 기준으로 평가하는 셈이니 그 결론 또한 지나친 일반화일 뿐이다. 우리는 처음부터 이렇게 편견에 사로잡혀 좁고 불완전한 시각으로 인식·행동·반응 양식을 쌓아간다.

불완전한 자기감과 일찌감치 성격으로 자리잡은 전략들은 어린 시절을 어떻게 보냈느냐에 따라 달라진다.

앞서 말한 유년기 상처의 두 가지 범주인 '버림받은 경험'과 '짓눌린 경험' 각각에서 비롯한 일련의 복합적 행동들은 무의식적이고 반사적으로 일어나는 반응으로 발전한다.*

현실에 짓눌리는 아이는 자신의 연약한 경계를 뚫고 타자the other가 침범해오는 강렬한 아픔을 경험한다. 아이는 지금과 다른 생활환경을 선택할 힘이 없고 타인이라는 문제의 본질을 인식할 객관성과 경험을 비교할 근거가 부족하다. 때문에 아이는 방어적이며 환경에 지나치게 민감할 뿐만 아니라, 자신의 연약한 정신 영역을 보호하기 위해 수동성·상호의존·강박적 성향을 '선택'한다. 삶이 상대적으로 힘없는 자신을 짓누른다고 생각해 아이는 다양한 수용방식을 학습한다. 한 남성 내담자는 아버지보다 더 '성공'해야 한다는 어머니의 끊임없는 요구 때문에 직업적으로는 능력 있고 성공한 사람이 되었지만, 돈을 탕진하다가 결국 재정적·감정적으로 모두 파산하고 말았다. 그의 삶은 겉으로는 이성적이고 자유롭게 선택한 것으로 보였을지 모르나 실은 강력한 타자의 압

* 초기 자기감에 위기를 일으킬 수 있는 경험에 관해 이야기하는 것이며, 다행히도 모든 경험이 이렇지는 않다. 어떤 조건에서는 즐거움도 경험한다. 예를 들어 아침에 일어나면서 아침상이 차려져 있을 것이라고 기대하는 것, 또는 오늘도 보람 있는 하루가 될 수 있다고 믿는 것처럼 말이다.

박에 순응한 무의식이 수동공격(수동적인 태도로 상대방을 공격하는, 주로 약자가 사용하는 공격 방식 – 옮긴이) 저항으로 반항에 실패한 결과에 지나지 않았다.

버림받은 경험이 있고 제대로 된 양육을 받지 못한 아이는 의존적 방식을 '선택'하여 평생 동안 더 나은 타자를 중독된 것처럼 찾아 헤맬 수 있다. 한 여성 내담자는 어린 시절 관심을 받지 못한 채 자랐다고 말했다. 그 탓에 성인이 된 후 애인을 끊임없이 갈아치웠지만 그 관계는 항상 실망과 좌절 속에 실패로 끝났다. 감정적 집착이 너무 심해 남성이 질려 떨어져나간 경우도 있고, 자신이 무의식적으로 남성과 거리를 둔 경우도 있었다. 여성의 아버지는 정서적으로 전혀 의지할 수 없는 사람이었다. 이에 대한 반응으로 여성은 '사랑을 받아본 적이 없고 그럴 가치도 없는 사람'이라는 자기파괴적인 인식과 함께 다음에 만날 남자는 과거에 갖지 못했던 정상적인 아버지의 느낌을 갖게 해줄지 모른다는 씁쓸한 희망을 갖게 되었다. 이 같은 모순 속에서 그녀는 자신의 삶을 형성했다.

이런 상처와 내면아이에서 비롯된 다양한 무의식적 반응들은 성인기의 성격을 결정하는 강력한 요소다. 아이는 자유롭게 나오는 성격을 구체화하기보다는 어린 시절의 경험을 토대로 세상에서 자신이 맡을 역할을 찾는다. 성인기의 성격은 어린 시절 상처에서 나온다는 점에서 일련의 선택이라기보다는 초기 경험과 트라우마에 대한 반사 반응에 가깝다.

융의 모델에서는 감정으로 채워진 이러한 반사적 반응을 개인의 콤플렉스가 가진 본질과 동일한 것으로 본다. 콤플렉스 자체는 중립적이지만, 그 안에는 경험을 통해 내면화된 정서가 담겨 있다. 초기 경험이 강렬할수록, 그리고 오랜 기간에 걸쳐 되풀이될수록 콤플렉스는 개인의 삶에서 더 큰 위력을 발휘한다. 우리 모두는 각자의 개인사에 따라 불가피하게 콤플렉스를 가질 수 있다. 문제는 우리가 콤플렉스를 소유하는 게 아니라 반대로 콤플렉스가 우리를 소유한다는 데 있다. 인간을 보호하는 데 유용한 콤플렉스도 있지만, 개인의 선택을 방해하고 개인의 삶을 지배하는 콤플렉스도 있다.

콤플렉스는 항상 어느 정도 무의식적이다. 알아서 에너지를 받아 작동한다. 정신psyche 역시 이와 비슷하게 작동하는데, 주로 현재의 사건(예를 들어 '내가 전에 여기에 언제 와봤더라?' 같은 생각)에 의해 스위치가 켜진다는 차이가 있다. 현재의 사건은 과거에 일어난 사건과 약간만 비슷해도 과거와 비슷한 감정이 들면서 과거와 똑같은 반응을 일으키기도 한다. 성, 돈, 권위 같은 주제에 감정적으로 반응하지 않는 사람은 거의 없다. 보통 과거의 주요 경험과 연관되어 있기 때문이다.

콤플렉스 중에서도 부모와 관련된 경험이 가장 강력하다. 어머니 콤플렉스니 아버지 콤플렉스니 하는 것들 말이다. 일반적으로 삶에서 만나는 가장 중요한 두 사람이 부모 아니겠는가. 우리가 세상에 태어날 때부터 성인으로 사회에 첫발을 내디딜 때까지 부모는 언제나 우리 곁에 있다. 우리는 부모가 우리를 대하는 방식과 삶을 살아가기 위해 취하는 전략을 가까이하며 성장한다. 예를 들어 헤밍웨이가 소설에서 그리는 마초 영웅들은 무엇보다 어린 시절 자신에 대한 과잉보상*을 표현한다. 일리노이주 오크 파크에서 태어나고 자란 헤밍웨이는 자신이 딸이었기를 바라며 성인기에 들어서도 감정적으로 개입하려 했던 어머니의 영향으로 여성을 두려워했다. 프란츠 카프카Franz Kafka는 권위적인 아버지에게 주눅이든 나머지, 우주 자체를 강력하고 냉정하며 무관심한 것으로 생각했다. 헤밍웨이나 카프카 같은 이들이 중요한 작품을 남기지 못했다는 것이 아니라, 이들이 지닌 창조력의 주요 모티프와 형태가 바로 뿌리 깊이 박혀 있는 부

* 실제 또는 상상의 부족함을 메우기 위해 개인이 필요 이상으로 행하는 노력. 무의식중에 일어날 경우 정신분석가들은 이를 일종의 방어기제로 간주한다 – 옮긴이.

모 콤플렉스를 극복하고 보상하며 이를 초월하려는 노력에서 비롯되었다는 것이다.

우리 모두 무의식적으로 과거에서 온 반사적 반응들을 가지고 산다. 타고난 본성과 사회화된 자신 사이의 간극은 유년기부터 갈라져 점점 벌어진다. 워즈워스 William Wordsworth(18~19세기 영국의 시인 – 옮긴이)는 이미 200여 년 전에 〈불멸의 깨달음에 바치는 노래Ode on Intimations of Immortality〉에서 이를 묘사했다.

어린 시절 천국은 우리 주위에 있다!
그러다 감옥 같은 그림자가 서서히 덮인다
자라나는 소년 위에, (…)
마침내 어른은 느낀다. 찬란한 꿈이
일상의 빛 속으로 사그라지는 것을.[1]

워즈워스에게 사회화는 우리가 태어나면서 갖는 본래의 자기감으로부터 점점 소외되는 과정이었다. 유진 오닐Eugene O'Neill의 희곡 〈밤으로의 긴 여로A Long Day's Journey into Night〉에서 어머니는 이 상황을 더욱 비극적으로 표현한다.

인생이란 누구도 어쩔 수 없는 거니까. 알고 난

뒤엔 이미 늦은 거야. 몸에 배어버려 지금까지와 다른 것을 할 수도 없고, 그러다 보면 너는 네가 원하는 모습과는 완전히 멀어져버린단다. 진정한 자기 따위는 영원히 잃어버리는 거야.[2]

고대 그리스인들은 2,500여 년 전부터 이러한 갈라짐을 잘 알고 있었다. 고대 그리스 비극의 인물들은 때로 악한 행동을 할지언정 악인은 아니었다. 자신이 모르는 자신의 모습에 지배당한 인물이었을 뿐이다. 이를 하마르티아hamartia(하마르티아는 종종 '비극적 약점 tragic flaw'으로 번역되지만, 나는 그보다 '상처받은 시야 wounded vision'라고 부르고 싶다)*라 하는데, 이는 인물이 어떤 행동을 선택하게 만드는 렌즈를 말한다. 무의식의 힘과 반사적 반응이 계속 쌓여서 어떤 선택이 내려지며, 후에는 그에 상응하는 결과가 따라온다. 그리스 비극에서 묘사하는 삶의 비극성은 각자의 삶에서 주인공인 우리 모두가 비극적인 삶을 살 수도 있음을, 자신조차 잘 모르는 자신의 모습에 이끌려갈 수도 있음을 시사한다.

* 아리스토텔레스는 《시학》에서 비극의 주인공이란 "악덕이나 비행 때문이 아니라 어떤 실수 때문에 불행에 빠진 인물"이라고 설명했다. 여기서 '실수'를 가리키는 말이 하마르티아다 – 옮긴이.

그리스 비극이 갖는 해방의 힘은 주인공이 고통에 시달리다 깨달음을 얻는 데서, 다시 말해 내면의 진실(등장인물)과 외부의 진실(신 또는 운명) 사이의 관계를 새롭게 바꾸는 데서 나온다. 우리의 삶은 콤플렉스가 하는 일에 무지한 만큼, 그리고 본성과 실제 선택들 사이의 점점 벌어지는 간격을 깨닫지 못하는 만큼 비극이 된다.

마흔의 위기감은 대부분 그 간격에서 나오는 아픔에서 비롯한다. 내면의 자기감과 후천적으로 획득한 성격 사이의 불균형이 너무 커진 탓에 더는 그 고통을 억누르거나 보상으로 달랠 수 없게 된 것이다. 이런 현상을 심리학에서는 '보상 상실decompensation'이라고 한다. 예전에 사용하던 태도와 전략을 계속 써보지만 더 이상 통하지 않는 것이다. 마흔의 스트레스 증상은 후천적 성격 아래에 숨어 있던 '자기'를 표현하는 것이며, 다시 태어나는 데 반드시 필요한 것이기 때문에 사실 환영할 일이다.

중간항로는 후천적으로 만들어낸 성격과 '자기'의 욕구 사이에 무시무시한 충돌이 벌어지면서 시작된다. 이를 경험하는 사람은 종종 겁에 질려 "이제 내가 누군지조차 모르겠어"라고 말할지 모른다. 과거의 나를 미래의 나로 교체해야 하며, 과거의 나는 숨통이 끊어져야 한다. 그러니 엄청나게 불안해지는 것도 당연하다. 심리학

표현을 빌리면, 인간은 낡은 자신을 소환해서 죽여야만 비로소 새롭게 태어날 수 있다.

이와 같은 죽음과 재생은 그 자체로 끝이 아니라 하나의 길이다. 자신의 잠재력을 깨우고 나이 듦에서 나오는 생명의 힘과 현명함을 얻어내려면 중간항로를 지나야 한다. 따라서 중간항로란 잠정 인격에서 진정한 성인기로, 거짓된 자기에서 올바른 자기로 옮겨가기 위해 내면으로부터 일어나는 소환 행위라고 할 수 있다.

2. 중간항로에 들어서다
의미 있는 삶으로 가는 여정의 시작

중간항로는 현대에 등장한 개념이다. 인간의 수명이 갑자기 늘어나기 전, 토머스 홉스Thomas Hobbes의 말을 빌리면 삶은 "괴롭고 가혹하고도 짧았다".[1] 20세기 들어 보건의료 분야의 발전으로 평균 수명은 40여 세까지 늘어났지만, 초기 미국에서는 열병이 휩쓸고 지나간 뒤 공동묘지를 한 번만 돌아봐도 아이들의 슬픈 묘비가 그득했다. 지금 아이들은 예방접종으로 페스트, 학질, 디프테리아, 백일해, 천연두, 티푸스 같은 병을 피할 수 있지만 당시엔 불행히도 그렇지 못했다. (인구가 10만여 명에 달했던 내 고향에서도 한번은 소아마비가 발병하는 바람에 꼭 필요한 몇 가지 일을 하러 외출하는 것 말고는 공원, 영화관, 수영장에도 가지 못하고 도시 전체가 고립무원 상태에 빠진 적이 있다.)

문제는 수명의 한계만이 아니었다. 이른 죽음을 피한 이들에게는 종교, 가족, 사회적 관행 같은 사회제도의 힘이 가할 더 강력한 지배가 기다리고 있었다. (내가 어렸을 때만 해도 이혼한 사람은 '저기 살인자가 지나간다'는 식으로 비난받기 일쑤였다.) 성 역할의 구별은 명확하고 절대적이어서 남성과 여성 모두에게 상처를 입혔다. 가족과 인종적 전통은 자신의 뿌리에 대한 관념과 더불어 때로 공동체 의식을 안겨주었으나, 너무 깊숙이 뿌리박혀 떨쳐내기가 힘들었다. 소녀는 결혼하여 가족을 꾸리고 지탱하면서 사회가 원하는 가치를 전파하는 시스템의 축이 되어야 했고, 소년은 커서 가업을 이어받고 가족의 생계를 책임지면서 사회가 원하는 가치를 계속 유지하고 지지해야 했다.

이런 가치관 중 상당수는 오늘날 기준으로도 건전하며, 지킬 필요가 있다. 하지만 사회제도가 개인에게 거는 기대는 때로 무시무시한 영혼의 폭력이 되곤 한다. 50년 동안 결혼생활을 유지해온 부부에게 무조건 박수를 보내기 전에 그들 마음 깊숙한 곳에서 어떤 일이 일어났는지 생각해볼 필요가 있다. 단지 변화가 두렵고 솔직하지 못해서 고통스러운 결혼관계를 유지했을지 모른다. 부모가 원하는 대로 자라난 사람은 이미 영혼을 잃어버렸을 수 있다. 사회가 원하는 가치를 오래 유지하고 재생산하는 것만이 미덕은 아니다.

나 자신으로 살아야 한다는, 일가친척 누구와도 다른 가치를 지닌 신비하고도 특별한 존재가 되어야 한다는 생각은 우리 세대 이전에는 일반적이지 않았다. 지금도 일부에선 이단적인 생각이라고 치부한다. 그러나 현대 시대정신Zeitgeist의 가장 큰 특징은 기성 사회제도가 쥐고 있던 심리적 권력이 급격하게 개인에게로 옮겨왔다는 점이다. 현대에 일어난 가장 큰 변화이기도 하다. 사회를 통합하던 거대 이데올로기가 그 정신적 힘 대부분을 상실하면서, 현대사회의 개인은 일종의 고립 상태에 빠졌다. 매슈 아널드Matthew Arnold(19세기 영국의 시인이자 평론가 - 옮긴이)가 150년 전에 지적한 대로 우리는 "두 가지 세계 사이에서, 즉 죽은 세계와 태어나면서부터 무력한 세계 사이에서"[2] 방황하고 있는 것이다. 좋은 의미든 나쁜 의미든, 정신의 무게중심은 사회제도에서 개개인의 선택으로 옮겨왔다. 오늘날 중간항로가 존재하는 이유는 인간이 예전보다 오래 살기 때문만이 아니라, 삶을 결정하는 주체가 개인임을 서구사회가 받아들였기 때문이기도 하다.

마음에 지진이 일어나다

앞서 시사한 대로, 중간항로는 일종의 지각 변동이 아래부터 쌓이면서 시작된다. 여러 지층이 움직이면서 서로 부딪쳐 압력을 받아 지진이 발생하는 것처럼, 다양한 성격의 층 역시 서로 충돌한다. 후천적 자기감은 내면아이를 지키기 위해 지각 및 콤플렉스와 결합하며, 스스로를 실현하려 애쓰는 더 큰 '자기'와 삐걱거리기 시작한다.

방어적 자아의식이 이 지진파를 멈출 수도 있지만, 지각 변동은 그래도 여전히 생긴다. 자신이 위기를 자각하기 한참 전부터 징후와 증상이 필연적으로 나타난다. 우울증, 알코올 탐닉, 성적 흥분을 위한 대마초 흡연, 혼외정사, 걸핏하면 직장을 갈아치우는 일 등은 모두 우리가 마음속 지각 변동을 넘어서거나 무시하거나 피하려는 노력의 일환이다. 정신치료의 관점에서 보면 이러한 증상은 환영할 만하다. 상처가 어디에 있는지 알려주는 화살표 역할을 할 뿐 아니라, 정신이 자율적으로 건강하게 작동하고 있다는 증거이기 때문이다.

융은 신경증을 "궁극적으로는 자신의 의미를 아직 발견하지 못한 영혼의 고통으로 이해해야 한다"[3]고 말했다. 이는 우리가 고통 없는 삶을 이룩할 수 있다는 암시가 아니다. 그보다는 고통이 이미 우리에게 지워져 있으며 그 의미를 발견해야 한다는 뜻에 가깝다.

2차 대전 중에 독일인 신학자 디트리히 본회퍼Dietrich Bonhoeffer는 히틀러Adolf Hitler에 저항했다는 이유로 순교자처럼 처형당했다. 플렌스부르크에 위치한 강제수용소에서 본회퍼는 몇 장의 편지와 저술을 몰래 외부로 반출했다. 이 중 하나는 한 가지 질문을 놓고 괴로워하는 내용이었다. "이토록 끔찍한 수용소를 만든 것은 진정 신의 뜻인가?" 본회퍼는 자신이 이 질문에 답할 수 없으리라는 사실을 잘 알았다. 그래서 자신이 해야 할 일은 지금의 공포를 받아들이고 이를 헤쳐나감으로써 하나님의 뜻을 발견하는 것이라고 현명하게 결론내렸다.[4]

누군가는 정신의 지각 변동으로 고통받는 것만으로는 삶의 궁극적 목적을 발견할 수 없다고 말할지 모른다. 그러나 우리는 중간항로에 수반되는, 여러 가지 '자기'의 충돌이 빚어내는 갈등의 의미를 찾아내야 한다. 이 운명적인 충돌과 죽음 – 재생 과정을 겪어야 새로운 삶이 등장한다. 중간항로는 삶을 다시 찾고 더 의식적으로 영위하며 고통에서 의미를 창출할 수 있는 기회로 우리를 초대한다.

우리는 중간항로를 극단적인 의식의 충격을 겪으면서 깨닫는다. 실제로 많은 이들이 병에 걸려 죽음을 앞두고 있거나 배우자를 잃고 나서 중간항로에 들어선다. 이런 충격을 겪기 전까지는 5, 60대가 되더라도 콤플렉스나 집단의 가치에 지배당한 채 중간항로가 내놓는 삶의 의문을 포착하지 못한다(관련 예는 다음 장에서 설명하겠다).

중간항로는 연대기적 사건이라기보다는 심리적 경

험이다. 이 두 가지의 차이는 '시간'을 뜻하는 그리스어 크로노스kronos와 카이로스kairos를 보면 알 수 있다. 크로노스는 순차적이며 일직선상의 시간인 반면, 카이로스는 깊이를 지닌 3차원 시간이다. 따라서 미국인에게 1776년은 단순히 달력에 표시된 숫자가 아니라, 이후 모든 연도를 '미국의 역사'로 정의하게 된 초월적 사건이다. 개인이 자신의 삶을 단순히 한쪽으로 흘러가는 시간의 연속이 아닌 그 이상의 무언가로 봐야 할 때, 비로소 중간항로라는 사건이 일어난다. 의식하지 못하고 지내는 시간이 길수록, 우리는 삶이 어렴풋한 결말로 향해 가는 연속된 순간에 불과하며 언젠가 적당한 때가 되면 그 목적이 분명해질 것이라고 여길 확률이 커진다. 현재 우리 문화에서는 삶을 이런 식으로 바라보기 쉽다. 의식의 충격을 경험해 수직 차원인 카이로스가 인생의 수평면과 교차하면, 개인은 삶을 3차원으로 조망할 수 있다. '나는 누구이며 이제 어디로 가는 것일까?'

중간항로는 개인이 삶의 의미라는 질문을 새로이 던질 수밖에 없을 때 일어난다. 어렸을 때는 상상하곤 했으나 세월이 흐르며 지워져버린 질문 말이다. 그리고 지금까지 가려져 있던 문제를 직면해야 할 때도 그렇다. 정체성에 관한 의문이 다시 떠오르며 그 책임을 더 이상 회피할 수 없게 된다. 다시 말하지만, 중간항로는 우리가 '지금까지의 내 삶과 역할을 빼고 나면, 나는 대체 무엇인가?'라는 질문을 스스로에게 던질 때 비로소 시작된다.

지금까지 살아온 삶의 역사가 역동적이고 스스로 움직이는 존재인 정신 안에 들어 있는 까닭에, 우리는 과거에 의해 정의되고 지배당하기 쉽다. 누군가의 배우자, 부모, 가장 같은 제도화된 역할에 길들여져왔기 때문에 우리는 자신의 정체성을 이들 역할에 투사해버린다. 제임스 에이지James Agee(20세기 미국 소설가 – 옮긴이)가 자신의 자전적 소설 첫머리에 "지금 우리는 테네시주 녹스빌의 여름 저녁에 관해 이야기하는 중이다. 어렸을 때 우리가 아주 성공적으로 자신을 속이며 살았던 그때 그 여름 저녁 말이다"[5]라고 서술한 것도 그런 이유에서다. 정체성에 관한 모든 거대한 질문을 우리는 이미 어린 시절에 던진 적이 있다. 조용히 어른들을 관찰하면서, 그리고 밤에 침대에 누워 살아 있음에 대한 두려움과 즐거움을 절반씩 뒤섞여 느꼈을 때 말이다. 하지만 학교에 다니고, 부모가 되고, 사회화를 거치는 동안 삶의 무게로 인해 어린 시절의 원초적 두려움은 규범적 기대와 문화적 확실성으로 대체된다. 에이지는 자신의 책 서문 마지막에서, 밤에 어른들이 자신을 침대로 데려가던 기억을 이렇게 되새긴다. "나는 집안에서 귀엽고 사랑받는 존재이지만,

[어른들은] 아마도, 아마도 지금은, 아마도 영원히, 아니 절대로, 내가 누구인지 말해주지 않을 것이다."[6]

이런 거대 질문은 삶에 가치와 존엄을 부여한다. 이를 잊어버린다면 우리는 사회의 길들임과 진부함, 그리고 끝내는 절망에 자신을 맡기게 된다. 운이 좋아 살면서 충분한 아픔을 겪는다면, 주저할 수는 있을지언정 결국엔 의식적으로 그 질문들을 되찾을 수 있을 것이다. 충분히 용기 있고 자신의 삶을 돌볼 수 있다면, 고통을 겪으면서 진정한 삶을 되찾을 수 있다.

비극적 사건을 통해 자신과 운명적으로 직면하는 사람도 있지만, 고통의 징조는 보통 그보다 훨씬 이전에 모든 이에게 찾아온다. 발밑이 흔들리는 느낌은 너무나 미미하여 처음엔 무시하고 지나가기 일쑤다. 지각 변동의 전조라 할 수 있는 지진 암시는 우리가 완전히 깨닫기 전에 이미 존재한다.

내 지인 하나는 박사학위, 가정, 저서 출판, 안정된 교수직까지 원하던 모든 것을 28세에 이뤘다. 그에게 최초의 지진 암시는 지루함과 기력 상실의 형태로 나타났는데, 그는 이것을 한참 지나서야 깨달았다. 처음에 그는 남들이 하는 대로, 아니 그 이상을 했다. 이후 10년간 글을 더 쓰고 자녀를 더 낳았으며 더 좋은 교수직을 얻었다. 이 모든 행동은 겉으로 볼 때 생산적이었고, 일반적으로 우리가 정체성을 투사하는 커리어 상승이었다. 하지만 계속 커져만 가던 우울증이 37세에 터져버렸고, 그는 기력과 삶의 의미를 거의 잃고 말았다. 결국 직장을 그만두고 가족을 떠나 다른 도시에서 아이스크림 가게를 열었다. 이전의 삶에 대한 과잉보상이었을까? 자신에게 중간항로가 던진 선하고 유익한 질문을 억누른 것이었을까? 아니면 단지 삶의 후반부를 보내는 최선의 방법을 찾은 것뿐일까? 이 모든 질문의 답은 시간이 지나야 알 수 있으며, 자신만이 답할 수 있다.

삶의 지진 암시가 그보다 일찍 20대 후반쯤 찾아오는 일도 종종 있지만, 이런 경우 그 메시지를 간과하기 쉽다. 젊을 때 삶은 충만하며 앞길은 펼쳐 있다. 빨리 움직이고 더 노력하고 더 힘을 쏟기도 쉽다. 그래서 경고 따위는 무시하고 지나간다. 트랙은 몇 바퀴는 돌아봐야 비로소 원형인지 타원인지를 알 수 있다. 패턴을 패턴이라고 인식하는 데에만 최소 몇 번의 고통을 겪어야 한다. 우리는 종종 지난날의 실수와 순진한 행동, 그리고 투사된 가치를 되돌아보면서 슬퍼하며, 심지어 창피해하기도 한다. 하지만 1차 성인기란 원래 그런 것이다. 실수하고 수줍어하고 금기에 억눌리고 잘못 지레짐작하면서 어린 시절이라는 테이프는 조용히 돌아간다. 나서서 실수를 저지르고 벽에 부딪치지 않는다면 우리는 영원히 아이로 머무를 것이다. 인생의 후반전에 접어들어 자신의 삶을 되돌아보면서는 무의식이 어쩔 수 없이 저지른 죄를 이해하고 용서해주어야 한다. 그러나 후반기에 접어들어서도 의식적으로 살지 못한다면, 이는 용서할 수 없는 죄를 저지르는 것이다.

중간항로가 오고 있음을 알려주는 몇 가지 중요한 증상과 경험을 소개하려 한다. 이 모두는 자아의 의지 밖에서 자율적으로 일어난다. 이것들은 날마다 조용히 자신을 발산하며, 안전을 무엇보다 소중히 생각하고 확실한 것을 원하는 내면아이가 잠들지 못하게 방해한다. 그러나 이것들은 미지의 성취를 향한 삶의 불가항력적인 움직임이며, 불안한 자아가 소망하는 바 따위는 거의 신경 쓰지 않은 채 타고난 본성과 그 신비를 따라 움직이는 목적론적 과정이다.

사고방식이 바뀌다

앞에서 말했듯, 주술적 사고는 유년기의 특징이다. 아이의 자아는 아직 격한 시험을 거치지 않았으며, 분명한 경계도 없다. 외부세계와 내면세계, 그리고 자신이 소망하는 세계의 목적은 종종 헷갈린다. 소망은 가능성으로, 때로는 확률로도 보인다. 이는 자신이 우주의 중심이라고 믿고 싶어하는 아이의 자기애narcissism를 나타낸다. 이런 사고는 과장이고 망상이지만 아이에게는 건전하고 경이롭다. '크면 하얀 웨딩드레스를 입고 왕자님이랑 결혼할 거야.' '우주비행사가 될 거야.' '유명한 록 스타가 될 거야.'(당신이 어렸을 때 가졌던 주술적 소망이 무엇이었는지 기억해보라. 그리고 삶이 이를 어떻게 바꿔놓았는지 한번 돌이켜보라.) 아이의 주술적 사고는 무엇보다도 '나는 죽지 않아. 나는 유명한 사람이 될 거야. 부자가 될 거고 늙거나 아프지 않을 거야'라고 가정한다. 때로 좀 무뎌질 때도 있지만, 이런 사고방식은 약 10세까지 아이를 지배한다. 자신이 특별하고 우월하다는 환상은 다른 아이들이 별로 감명받지 않을 때 타격을 입는다. (어렸을 때 나는 내가 조 디마지오Joe Dimaggio의 뒤를 이어 뉴욕 양키스의 중견수가 될 수 있다고 생각했다. 불행히도 신은 나 대신 미키 맨틀Mickey Mantle에게 그 능력을 선사했다.)

사춘기의 고통과 혼란을 거치는 동안 아이의 주술적 사고는 거센 역풍을 맞는다. 그러나 검증되지 않은 자아는 여전히 남아 '영웅적 사고'를 보여준다. 영웅적 사고는 주술적 사고에 비해 현실적이나 여전히 희망하는 수준이 높으며, 우리는 거창한 미지의 목표를 성취할 것이라 상상하고 추정한다. 부모의 불행한 결혼생활을 보며 '나는 엄마 아빠와 달리 배우자를 현명하게 선택할 거야'라고 생각할 수 있다. 또는 CEO가 되거나 걸작 소설을 쓰거나 멋진 부모가 되겠다고 생각할 수도 있다.

영웅적 사고는 분명 쓸모 있다. 시도해도 결과가 실망스러울지 모른다고 의심되면 누가 성인기로 접어들려 하겠는가? 나는 평소에 졸업식 축사를 좋아하지도 않고 아직 의뢰받은 적도 없지만, 나라면 얼굴에 기대와 희망에 가득한 졸업생들을 앞에 두고 진실을 그대로 알려줄 생각이 차마 들지 않을지도 모르겠다. '몇 년만 지나면 여러분은 자신의 직업을 싫어하게 될 것이며, 결혼생활에는 위기가 닥칠 겁니다. 자식 때문에 분노하게 될 것이고, 인생의 아픔과 혼란을 너무 많이 경험한 나머지 그걸 주제로 책이라도 쓰고픈 심정이 될지도 모릅니다.' 이런 말을 과연 누가 할 수 있겠는가? 비록 그들이 부모처럼 혼란스럽고 곡절 많은 삶 위에서 비틀거릴 거라 한들 누가 감히 반짝이는 눈망울과 높은 이상을 가진 학생들에게 그런 말을 꺼낼 수 있겠는가.

영웅적 사고가 갖는 희망과 투사는 현실에서도 별로 누그러지지 않는다. 때문에 젊은이들은 마땅히 해야 하는 것인 양 집을 떠나 삶에 뛰어든다. 해협을 가로질러 프랑스혁명에 참가한 워즈워스는 젊은 나이에 역사의 현장에 있을 수 있어 행복하기 그지없다고 썼다.[7] 그는 몇 년 지나지 않아 혁명의 희망이 나폴레옹 왕정으로 변질되는 걸 보며 혐오감을 느꼈을 것이다. 오랜 전투에 지친 토머스 에드워드 로런스T. E. Lawrence('아라비아의 로런스'라는 별명으로 잘 알려진 영국 출신 군인이자 모험가-옮긴이)는 사막에서 싸우며 품었던 희망이 파리평화회담에서 노회한 정치가들에 의해 덧없이 사라져가는 걸 지켜봐야만 했다. 그럼에도 늘 그렇듯 젊음은 시작하고 실패하고 다시 시작하고 비틀대면서도 약속된 시간을 향해 나아간다.

유년기의 주술적 사고와 사춘기의 영웅적 사고가 우리가 경험한 삶과 더 이상 일치하지 않는다면 당신은 중간항로에 들어온 것이다. 사춘기에 겪었던 산산조각난 상처쯤은 아무것도 아닐 정도로 30대 중반이 넘은 이들은 이미 실망과 가슴 아픔을 충분히 겪었다. 중년에 접어든 사람이라면 미래에 대한 전망과 희망, 기대가 무너지는 일을 겪어보았을 것이다. 자신의 재능, 지성, 용기의 한계 역시 경험해보았을 것이다.

따라서 우리가 경험하는 중간항로의 특징은 고루한 표현이긴 하지만 '현실적 사고realistic thinking'다. 현실적 사고는 우리에게 '관점'을 선사한다. 그리스 비극의 주인공은 끝내 정신적으로 풍요해진다. 단지 모든 것이 황폐해진 상황에서 신과의 관계를 제대로 되돌리고 나서야 그러하다. 셰익스피어가 묘사한 리어왕은 악인이 아니라 사랑의 의미를 깨닫지 못한 어리석은 이였을 뿐이다. 그는 아첨을 원했기 때문에 기만당했다. 그 대가로 육신이 망가지고 온전한 정신조차 잃어버렸지만 결국은 그로 인해 풍요를 얻었다.

삶은 우리 모두에게 다른 관점을 갖고 젊음의 오만함과 자신감을 해결하라고 요구한다. 그리고 희망, 지식, 지혜가 어떻게 다른지도 가르쳐준다. 희망은 일어날지도 모르는 결과에 토대를 둔다. 지식은 가치 있는 경험으로부터 얻는 교훈이다. 지혜는 언제나 겸손하며 절대 오만하지 않다. 예를 들어 소크라테스Socrates의 지혜는 자신이 아무것도 모른다는 사실을 자각하는 데 있었다(물론 여기서 "아무것"은 당시 또는 지금 시대의 소피스트와 석학이 말하는 확실함보다 훨씬 많은 의미를 지닌다).

중년의 현실적 사고에 필요한 목표는 삶의 균형을 맞추는 동시에, 겸손하면서도 고귀한 우주와의 관계를 회복하는 것이다. 내 지인 하나는 자신은 중간항로에 들어서자마자 이를 알아차렸다고 말한 적이 있다. 한 가지 생각이 문장 형태로 머릿속에 맴돌기 시작했는데, 그것이 가리키는 진실이 자명하더라는 게 그의 설명이었다. 그 생각은 바로 "내 삶은 절대로 전체가 아닌 부분에 불과할 것이다"였다. 젊은 시절의 자만심 가득한 기대는 절대 이뤄지지 않는다고 그의 정신이 알려준 것이다. 그러한 깨달음을 두고 어떤 이는 패배감을 느낄지 모르지만, 다른 어떤 이는 '그럼 어떻게 해야 할까?'라는 질문을 던질 것이다.

거짓된 자기를 죽이다

전 생애 동안 우리는 다양한 정체성을 거친다. 삶을 안정시켜 개인의 존재적 불안을 완화하는 것이 자아의 당연한 의무이지만, 변화를 예상하고 뛰어드는 것 또한 삶의 본질임에는 틀림없다. 우리는 약 7~10년마다 육체적·사회적·심리적으로 중요한 변화를 거친다. 14세, 21세, 28세, 35세 때의 모습을 비교해보라. 우리 모두 각자 삶의 연속선을 이어나가지만 공통으로 거치는 길도 있다. 그러한 공통 주기를 일반화하여 각 단계에서 사회적·심리적 의제를 찾아내는 일도 가능하다. 자아가 삶을 책임지고 있으며, 자아의 비전이 최소 앞으로 몇 년간은 유효하리라는 것은 자아의 거만한 가정에 불과하다. 반복되는 죽음과 재생을 이끌어내는 자율적 과정, 다시 말해 피할 수 없는 변증법적 과정이 분명히 존재한다. 변화의 불가피함을 인정하고 이를 따라가는 것이 우리에게 필요한 지혜이나, 우리는 지금까지 이뤄온 것이 무너지는 데 당연히 저항하게 될 것이다.*

수십 년 전 게일 쉬이Gail Sheehy(미국의 저널리스트이자 작가-옮긴이)의 저서인 《역정Passages》이 선풍적인 인기를 얻음으로써, 생애 각 기간 동안 겪는 변화가 개인에게 중요한 주제라는 사실을 방증했다. 그러나 미르체아 엘리아데Mircea Eliade나 조지프 캠벨Joseph Campbell 같은 사회과학·인류학 쪽 저자들은 더 큰 맥락에서 우리 문화가 개인의 위치를 찾아주는 신화라는 로드맵을 이미 잃어버렸을지 모른다고 시사했다. 신에 대한 종족의 비전과 영적인 연결이 없는 현대의 개인은 인생의 각 단계에서 그 어떤 길잡이도, 따라 할 방식도, 도움도 얻지 못한 채 방황할 수밖에 없다. 중간항로에서는 새로 태어나기 위해 죽어야 한다. 지금 사회에는 통과의례라는 것이 없고, 개인은 자신과 마찬가지로 방황하고 있을 뿐인 주변 사람에게서 도움을 받지 못하기 때문에 중간항로를 종종 두렵고 외로운 길이라고 인식한다.

---

* 무의식은 종종 이런 저항을 인정하고 변화를 요구한다. 이는 집이 물에 잠기거나 무너지는 꿈, 차를 도둑맞거나 운전 중 차가 서버리는 꿈, 또는 신분증이 든 지갑을 잃어버리거나 도둑맞는 꿈으로 나타나는데, 이런 이미지들은 기존 자아의 상태가 점점 부적절해지고 있음을 암시한다.

삶의 하위 단계들 역시 일종의 죽음을 거쳐야 한다. 이를 크게 네 단계로 나눌 수 있으며, 각 단계는 개인의 정체성을 정의할 힘을 지니고 있다.

첫 번째 정체성은 유년기다. 자아가 부모의 실재 세계에 의존한다는 것이 이 시기의 가장 큰 특징이다. 육체적 의존도 크지만 아이가 자신을 가족과 동일시하기에 정신적 의존이 더욱 크다. 고대문화에서 성인기는 사춘기와 더불어 시작했다. 지리, 문화, 이데올로기와 무관하게 모든 곳에서 유년기에서 성인기로 진입하기 위한 의미 있는 통과의례를 발전시켰다.

초기 관행에 조금씩 차이는 있지만 전통적인 통과의례는 보통 여섯 단계로 이루어진다. 간단하게 정리하면 1) 부모로부터 격리. 종종 납치라는 의식으로 나타난다. 2) 죽음. 의존적 유년기를 '살해'하는 과정이다. 3) 재생. 개인이 새로이 탄생하였음을 인정받는 과정이다. 4) 교습. 성인으로 새로이 거듭난 개인에게 부족의 원초적 신화를 전해주는 과정이다. 이로써 개인은 부족 안에서 자신의 책임·특권·영적인 위치를 알게 되고, 사냥하는 법과 출산하는 법 등 성인으로 살아가는 데 필요한 것들을 배운다. 5) 시련. 보통 완벽한 격리 상태에서 이루어지며, 통과의례의 대상이 누구의 도움 없이 스스로 과제를 해결할 수 있음을 깨닫는 과정이다. 마지막으로 6)

귀환. 통과의례를 마친 개인이 이제 성인의 역할을 수행하는 데 필요한 지식과 신화적 기반, 그리고 내면의 힘을 지니고 공동체로 돌아오는 것이다. 성인이 되는 극적인 변화에 걸맞도록 아예 새로운 이름을 얻는 경우도 흔하다.

전통적 통과의례는 성인을 앞둔 개인을 부모로부터 분리하고, 부족의 신성한 역사를 전하여 정신적인 연결을 제공하는 동시에 성인기에 따라오는 책임을 준비시키기 위한 과정이었다. 현재 서구문화에는 이러한 의미 있는 통과의례가 없어 많은 젊은이가 유년기의 의존성을 성인이 될 때까지 버리지 못한다. 서구문명이 다양화되고 신화라는 정신적 지주를 잃어버린 탓에 전할 수 있는 믿음이라고 해봤자 20세기의 발명품인 물질주의, 쾌락주의, 자아도취밖에 없다. 더 보탠다면 IT 기술 정도일까. 그중 어떤 것도 구원이나 자연과의 합일을 전해주지 않으며, 삶의 여정에 의미와 깊이를 더해주지 않는다.

두 번째 정체성은 사춘기다. 하지만 전통적 통과의례를 거치지 않은 현대의 젊은이들은 영적인 혼란과 자아의 불안정을 겪는다. 갓 태어난 자아는 변형되기 쉬우며 혼란에 휩싸인 청소년들로 구성된 또래문화와 대중문화에 쉽게 물든다. (북미 지역에서 정신치료 전문가들은 청년기가 12세 무렵부터 28세 정도까지 지속된다고 본다. 26년간 교수로 재직한 내가 말하자면, 문화적으로 볼 때 대학의 주요 임무는 학생들이 자신의 자아를 다져 부모로부터 독립한 존재로 자리매김할 때까지 잡아두는 일종의 보관소 역할을 하는 것이다. 실제로 이 시기 학생들은 부모에게 품었던 애증을 학교로 돌리는 경향이 크다.)

이 시기의 주요 과제는, 젊은 자아를 굳건하게 다져 부모로부터 독립하고 넓은 세상으로 나아가 생존을 위해 싸우는 동시에 원하는 것을 이뤄낼 수 있는 힘을 얻는 것이다. 그러려면 세상에 '제게 일자리를 주세요' '나와 결혼해주세요' '날 믿어줘요' 같은 메시지를 알려야 하며, 또한 자신이 그럴 가치가 있음을 증명해야 한다. 중년에 들어서서도 독립적으로 결정을 내려 세상에 뛰어들지 못한 이가 많다. 여전히 부모와 함께 사는 사람도 있고, 연애에 필요한 심리적 힘과 자존감을 갖추지 못한 사람도 있다. 또한 어떤 이는 힘과 의지가 충분히 필요한 일을 아직 접해보지 못했을지 모른다. 이런 사람은 신체는 연대기적으로 중년에 돌입했을지 모르지만 그들의 카이로스는 여전히 유년기에 머물러 있다.

나는 약 12세에서 40세까지의 기간을 1차 성인기라고 부른다. 마음 깊은 곳에서 뚜렷한 자기감이 부족하다고 인식해도 현실적 해결책은 다른 성인을 따라 하는 것밖에 없다. 부모의 행동을 그대로 따라 하거나 저항하면 어른이 될 수 있다는 생각은 지극히 자연스러운 환상이다. 직장을 갖고 결혼하고 부모이자 가장이 되면 이제 완전한 성인이라는 믿음도 마찬가지다. 그러나 사실 우리 대부분은 마음속에 숨어 있던 유년기의 의존성을 성인기 역할에 투사하고 있을 뿐이다. 성인기의 역할은 평행 터널과 다르지 않다. 사춘기의 혼란에서 벗어난 개인은 이 터널을 지나면 정체성을 획득하고 성취감을 얻을 수 있으리라고 생각하지만 미지의 세계에 대한 두려움은 여전하다. 개인에게 진정으로 필요한 깊이와 개성이 부족한 잠정적 시기인 1차 성인기가 사람에 따라서는 생애 마지막까지 지속될 수도 있다.

이 터널의 길이는 정해져 있지 않다. 이는 유년기로부터 투사된 정체성과 의존성이 자리를 잡고 개인에게 영향을 주는 한 무한히 계속된다. 열심히 일하고 결혼해서 이제 곧 둘째 아이가 태어나는 30세 성인에게 "당신은 여전히 유년기의 연장선에 있다"라고 말하기는 매우 힘들다. 부모 콤플렉스와 사회적 역할이 갖는 권위는 여전히 세계를 탐색 중인 사람에게서 강한 힘으로 투사를 이끌어낸다. 앞서 설명한 대로, 우리를 진정한 자신으로 소환하는 수수께끼의 내면 과정인 '자기'는 때로 무력감·우울증·갑작스러운 분노 폭발·과소비 등의 증상으로 존재를 드러내지만, 투사의 힘이 너무 강력한 나머지 우리는 인생이라는 여정에 관한 거대 질문을 스스로 외면하고 있는지도 모른다. 투사의 효력이 다 사라지고 불거져 나오는 '자기'를 더 이상 감당할 수 없게 된다면 그땐 얼마나 끔찍하겠는가. 그렇게 되면 개인은 완전히 무력해지면서 자신을 통제할 수 없게 된다. 자아는 애초에 제대로 통제받은 적조차 없다. 부모 콤플렉스와 집단 콤플렉스가 자아를 조종하고, 성인이 되기 위해 사회가 제시한 역할에 투사하는 힘이 자아를 지탱해왔을 뿐이다. 이러한 역할이 규범으로 힘을 지니는 동안에는, 그리고 투사가 아직 영향력을 발휘하는 동안에는, 개인은 내재된 '자기'와의 약속을 일단 눈가림으로 막고 있는 것이다.

세 번째 정체성은 2차 성인기로, 개인의 투사가 사라졌을 때 시작된다. 기대한 대로 되지 않았다는 배신감과 투사가 사라지면서 나타나는 공허함이 중년의 위기를 만든다. 그러나 이런 위기 속에서만 우리는 부모의 결정, 부모 콤플렉스, 문화적 조건을 넘어 진정한 개인으로 거듭날 기회를 잡을 수 있다. 매우 아쉽게도, 권위에 의존하는 퇴행적인 정신 때문에 개인이 콤플렉스에 갇히고 성장을 멈추는 일이 흔히 벌어진다. 상실감과 죽음을 직면해야 하는 노인들은 크게 두 부류로 나뉜다. 남은 삶이 여전히 도전할 만한 가치가 있다고 믿는 이들과, 삶이 고통·후회·두려움으로 가득 차 있다는 이들이다. 삶이 여전히 도전할 만한 가치가 있다고 여기는 이들은 이미 삶의 전반기에 치열하게 싸웠으며, 1차 성인기에 죽음을 경험하고 삶의 더 큰 책임을 받아들였다. 이들은 삶의 마지막 단계도 더 강한 의식을 가진 채 보낸다. 최초의 죽음을 회피한 사람은 그다음에 다가올 죽음에 사로잡혀, 의미 없는 삶을 살았을지도 모른다는 생각에 두려워한다.

책 뒷부분에서 제대로 논의하겠지만 먼저 지적하자면, 2차 성인기는 '잠정 정체성을 버리고 거짓된 자기를 죽이고 나서야' 얻을 수 있다. 이 과정에서 겪는 아픔은 이후에 따라오는 새로운 삶으로 보상받겠지만, 중간항로 한가운데에 서 있는 사람은 죽어간다는 느낌만을 경험할지도 모른다. 나중에 다시 이야기하겠지만, 네 번째이자 마지막 정체성인 '유한성'에는 죽음의 수수께끼와 더불어 살아가는 법을 익히는 일이 포함된다. 하지만 그에 앞선 2차 성인기 동안에 죽음이라는 현실을 받아들이는 게 중요하다.

1차 성인기의 죽음과 함께 찾아오는 좋은 소식은 새로운 삶을 얻을 수 있다는 것이다. 유년기의 원시적 순간에 남겨두고 떠나와야 했던 것을 다시 시도해볼 수 있다는 의미다. 죽음과 직면함으로써 얻을 수 있는 좋은 점은, 우리의 선택이 중요하며 자신의 존엄과 깊이를 바로 마르틴 하이데거Martin Heidegger가 "죽음을 향해 가는 존재Being-toward-Death"[8]라고 명명한 인간 실존의 상태를 통해 얻을 수 있음을 알게 되는 것이다. 존재론적 조건에 대한 하이데거의 이 정의는 이름처럼 소름 끼치고 무서운 게 아니라, 자연이 목적을 가지고 만들어낸 '탄생-죽음의 변증법'을 깨닫고 이해해야 한다는 의미다.

정체성의 변동을 바라보는 또 한 가지 방법은 각 정체성이 갖는 다양한 중심축을 분류하는 것이다. 최초의 정체성인 유년기의 축은 부모-자식 관계다. 1차 성인기에는 자아와 세계 사이에 그 중심축이 있다. 의식적 존재인 자아는 자신을 세계에 투사하여 그 안에 자신의 공간을 만들려 한다. 유년기의 의존성은 무의식으로 밀려나거나 다양한 사회적 역할로 투사되며, 개인은 주로 자신의 방향을 외부세계로 설정한다. 중간항로 시기나 그 이후인 2차 성인기에는 정체성의 축이 '자아'와 '자기'를 연결한다. 우리는 의식적으로 자신이 충분한 지식을 지녔고 인생이라는 쇼를 스스로 지휘하고 있다고 자연스럽게 믿는다. 그러다 자아가 주도권을 잃으면 그제야 자기와의 대화가 시작된다. 자기는 '인간이라는 존재의 합목적성'으로 정의될 수 있다. 자기는 우리가 이해하는 것보다 더 큰 수수께끼이며, 우리는 이를 밝힘으로써 인간의 짧은 삶 동안 구현할 수 있는 것보다 훨씬 크고 웅장한 경이로움을 얻을 수 있다.

네 번째 정체성인 유한성의 중심축은 '자기 - 신' 또는 '자기 - 우주'라고도 할 수 있다. 이 축은 개인을 초월하는 우주의 신비로 구성된다. 우주의 드라마와 어떤 식으로든 연관을 맺지 않으면 인간은 덧없고 피상적이며 무미건조한 삶을 살 수밖에 없다. 현재 우리 문화는 더 큰 맥락에서 자기의 위치가 어디인지 알려줄 신화적 매개체를 거의 제공하지 못한다. 따라서 개인이 스스로 자신의 비전을 넓히는 일이 무엇보다도 중요하다.

이러한 중심축의 변화는 영혼이 인생에서 두드러지게 변하는 모습을 설명해준다. 스스로의 의지 없이 한 축에서 다른 축으로 옮겨간다면 혼란과 두려움이 따를 수밖에 없지만, 이 거대한 우주의 드라마 안에서 점점 커다란 역할을 맡아야만 하는 것이 인간의 본질이다.

투사를 거둬들이다

투사는 정신이 가지는 기본 기제이며, 무의식적인 것은 늘 의식에 투사된다는 사실에서 나온 전략이다('투사projection'의 어원은 '앞으로 던지다'라는 뜻의 라틴어

pro+jacere다). 투사에 관해 융은 이렇게 서술했다. "투사가 일어나는 일반적인 심리학적 이유는, 무의식이 언제나 자신을 표현할 방식을 찾고 있기 때문이다."[9] 다른 저서에서는 이렇게 말했다. "투사는 절대 만들어지지 않는다. 저절로 발생하는 것이다. 나에게 벌어지는 외부의 모든 어두운 것에서 나는 내 안의 정신적 삶을 본다. 비록 항상 뚜렷이 인식하지는 못하더라도."[10]

무서운 외부세계와 미지의 강렬한 내면세계를 접할 때, 우리는 자연스레 전지전능하다고 믿는 부모에게 자신의 불안을 투사하곤 한다. 부모를 떠나고 나면, 지식과 권력을 사회제도와 권위자, 그리고 사회화된 역할에 투사한다(앞에서 묘사한 평행 터널과 같은 의미다). 거물이 되려면 거물처럼 행동해야 한다고 가정한다. 1차 성인기를 시작하는 젊은이라면, 거물이라는 사람조차도 상당수가 거대한 육체와 역할 속에 갇힌 어린아이라는 사실을 알 리가 없다. 어떤 이는 자신의 역할이 곧 자신이라고 믿기까지 한다. 겸손한 이는 자신의 불확실성을 더욱 의식하며, 중간항로에 들어선 이는 자신의 투사가 무너지는 경험을 한다.

여러 가지 가능한 투사 중 가장 일반적인 형태는 결혼, 부모 되기, 직업적 경력이라는 사회제도로 나타난다. 결혼생활에서 투사가 하는 역할에 관해서는 이후 장에 더 자세히 설명하겠지만, 결혼이야말로 그 무엇보다도 많은 무의식의 짐이 얹힌 부분일 것이다. 결혼식을 올리는 부부 중 자신들이 결혼에 얼마나 엄청난 기대를 하고 있는지 의식하는 사람은 거의 없다. 결혼생활에 대한 희망을 대놓고 외쳐대는 사람도 별로 없을 것이다. '내 삶을 좀 더 의미 있게 만들기 위해 당신에게 의지하겠어.' '당신이 날 위해 언제나 거기 있어줄 거라고 기대해.' '당신이 내 맘을 읽어 내 모든 욕구를 미리 알아주길 기대하고 있어.' '당신이 내 상처를 봉합해주고 내 삶의 모든 부족한 부분을 채워주길 바라.' '당신이 날 완성시켜주길, 더 나은 사람으로 만들어주길, 상처받은 내 영혼을 치유해주길 원해.' 졸업식 축사에서 현실을 그대로 얘기할 수 없는 것처럼 결혼에 관한 숨은 진실도 주례사에서는 말할 수 없다. 이 모두가 얼마나 불가능한 요구인지 인정하고 받아들인다면 그야말로 당황스러울 테니까. 결혼생활이 실패로 끝나는 이유는 대부분 이런 기대의 무게를 견뎌내지 못했기 때문이다. 그럼에도 결혼생활을 지속하는 사람들은 종종 이로 인해 심하게 상처 입는다. 로맨스는 현실과 동떨어진 상상의 투사를 먹고 자란다. 반면 결혼은 함께 생활하며 서로를 실제로 공유하는 일이다.

로버트 존슨Robert Johnson(미국 정신분석학자 - 옮긴이)

은 자신의 저서 《남성He》에서 현대인은 대부분 전래신화 시스템의 수혜를 입지 못하는 탓에 영혼의 욕구를 낭만적 사랑으로 돌린다고 지적했다.[11] 우리 모두 유년기부터 사랑받는다는 이미지를 지니고 있으며, 우리의 무의식적인 바람을 받아낼 수 있는 누군가에게 그 이미지를 투사한다. 페르시아의 시인 루미Rumi가 노래한 것처럼 말이다.

첫사랑 이야기를 듣자마자 나는 당신을 찾아 헤매기 시작했다,
얼마나 맹목적인 일인지도 모르고.
연인들은 마침내 어디선가 만나는 게 아니다.
처음부터 서로의 마음속에 있었을 뿐.[12]

날마다 누군가와 함께 생활하다 보면 투사는 자동으로 벗겨진다. 내가 영혼을 바쳤던, 기꺼이 내 마음을 열어 맞아들인 사람도 알고 보면 결국 나처럼 두려움과 욕구를 갖고 있을 뿐 아니라 내가 그 사람에게 그랬듯 자신의 무거운 기대를 내게 투사하는, 나와 똑같은 사람일 뿐이다. 어떤 결혼생활이든 무거운 짐이 따른다. 한때 부모가 맡았던 친숙한 타인Intimate Other에 가장 가까운 복제품이 되어야 하기 때문이다. 우리는 배우자를 부모 대

신으로 생각하고 싶어하지는 않는다. 부모에게서 벗어나려고 너무 많은 에너지를 썼으니 말이다. 그러나 사랑하는 사람이 결국 그 친숙한 타인이 되고, 부모에게 했던 것과 똑같은 욕구와 동력이 의식하지 못하는 수준까지 투사된다. 따라서 사람들이 자신의 부모와 비슷한 사람을, 또는 전혀 다른 누군가를 배우자로 선택하는 것은 전혀 놀라운 일이 아니다. 부모 콤플렉스가 처음부터 내내 관여하고 있기 때문이다. 《성서》는 결혼하면 부모를 떠나야 한다고 선언하지만,[13] 이는 생각보다 훨씬 힘든 일이다. 우리는 친숙한 타인을 양육하고 그에게 힘을 주며 치유한다고 투사했던 모든 것 중에서 일부만 거둬들일 수 있을 뿐이다. 조용한 희망과 매일의 현실 사이에 생겨나는 불일치는 중간항로 동안 크나큰 아픔을 일으킨다.

부모 역할 역시 우리가 강력하게 정체성을 투사하는 영역이다. 우리 대부분은 자식에게 무엇이 맞는지 안다고 생각하며, 자식에게 자신의 부모가 저지른 실수를 하지 않을 수 있다고 확신한다. 그러나 우리는 필연적으로 자신이 살지 못한 삶을 자식에게 투사하는 잘못을 저지르게 마련이다. 융은 아이가 짊어져야 하는 가장 큰 짐이 부모가 살아보지 못한 삶이라고 말했다. 극성스러운 부모란 고정관념이지만, 부모가 자신도 모르는 사이에 성공한 자식을 질투하는 것 역시 사실이다. 그래서 아이는 부모가 끝없이 보내는 명시적·묵시적 메시지의 공격을 받는다. 아이는 부모의 분노와 상처를 짊어지고 부모의 조작과 강요를 꼼짝없이 견뎌내야 한다. 무엇보다 심각한 것은, 부모가 아이에게 자신을 행복하게 만들어주길, 자신의 삶을 충족시켜주고 자신의 상황을 더 낫게 만들어주기를 무의식적으로 기대한다는 사실이다.

중간항로가 올 때쯤, 자식은 사춘기를 겪고 있다. 그리고 우리가 부모에게 그랬듯, 여드름투성이의 퉁명스럽고 반항적이며 걸핏하면 짜증을 부리는 아이는 자신을 향한 투사에 분노하며 저항할 것이다. 진정한 나로 가는 여정에 부모 콤플렉스가 얼마나 어렵고 위험한 장애물인지 깨닫는다면, 사춘기에 자식이 부모와 똑같은 삶을 살지 않으려 반항하는 것이 지극히 올바른 일임을 알게 될 것이다. 그럼에도, 부모가 되면서 가졌던 기대와 가족과의 생활에서 벌어지는 마찰은 중간항로에 들어선 이들에게 더 큰 아픔을 안긴다. 우리 역시 그 나이 때, 사춘기는 인생의 수수께끼라는 여정 속에서 단지 지나가는 기간일 뿐이라는 사실을 부모님이 알아주길 바라지 않았는가. 하지만 그 사실을 기억한다 해도, 이 실망감은 아주 조금만 진정될 수 있을 뿐이다. 중년에 접어든 부모가 이 사실을 인정할 수 있다면 부모 역할에서 오는 양가적 감정에도 제대로 된 관점이 생길 것이다.

프로이트Sigmund Freud는 건강한 정신의 기본 전제 조건이 '일'과 '사랑'이라고 생각했다. 일은 매우 큰 의미를 갖는 상황 또는 그에 대한 부정을 뜻한다. 헨리 데이비드 소로Henry David Thoreau가 오래전에 설파한 대로 대부분의 사람들이 조용한 절망 속에서 살아가고 있다면,[14] 그 이유 중 하나는 분명 일이 그들을 모욕하거나 의기소침하게 만들어서일 것이다. 심지어 자신이 원하던 목표를 달성한 사람들도 권태로 종종 괴로워한다. 내가 만나본 학생 중 상당수가 부모 또는 부모의 대리인 격인 사회가 원할 것 같다는 이유로 경영학이나 컴퓨터공학을 전공했다. 스스로 원하는 걸 이뤄낸 사람이든 다른 사람의 욕구를 강요받은 사람이든, 자신의 경력이 지겨워지는 경우는 매우 흔하다. 에너지를 모두 소진하고 정신적·육체적 피로에 시달리다가 이제 그만 다른 삶을 찾고 싶어하는 회사 임원의 모습은 경력 사다리에 있는 모든 야심가의 내면에 있다.

결혼이나 부모가 되는 일과 마찬가지로, 경력은 다음을 투사하는 주요한 축이다. 1) 정체성. 이는 전문성을 갖춤으로써 인정받는다. 2) 양육 능력. 이는 생산적인 일을 함으로써 얻는다. 3) 초월성. 성과와 업적을 계속 이루어냄으로써 자신이 보잘것없다는 생각을 극복한다. 투사의 결과물인 이러한 것들의 가치를 느끼지 못하고 삶의 에너지를 사용하는 방식이 불만족스러운데도 이를 더 이상 다른 무언가로 대체할 수 없게 되면, 우리는 중간항로에 들어선다.

결혼생활이 전통적일수록 성 역할은 고정되며 배우자가 서로 다른 쪽을 바라보고 있다고 느낄 확률도 크다. 남성의 경우, 경력의 정점에 도달했는데 보이는 것이라곤 회사 주차장밖에 없다면 삶의 속도를 늦추거나 은퇴를 선택할 것이다. 여성의 경우, 가족을 돌보는 데 모든 걸 바쳤는데도 남은 것이라곤 속았다는 느낌과 자신의 일이 인정받지 못하고 남들에게 뒤처지고 있다는 후회뿐이라면, 학교나 직장으로 다시 돌아가고 싶어질 것이다. 이런 이유로 남성은 종종 우울해하거나 희망과 야망이 사그라진다. 가정 밖에서 사회생활을 새로 시작하는 여성은 종종 자신의 경쟁력이나 능력을 불안해한다. 여기에도 물론 좋은 점과 나쁜 점이 있다. 좋은 점은 그러한 불만에서 진정한 재생이 오고, 개인의 다른 가능성을 발견할 수 있다는 것이다. 반면 투사된 정체성대로 사느라 에너지의 대부분을 소모하고 나서야 새롭게 시작한다는 것은 안타까운 점이다. 더 나쁜 사실도 있다. 한 가지 투사가 다른 투사로 대체될 수 있다는 것이다. 하지만 그렇다 하더라도 우리는 '자기'와의 약속에 가까워질 수 있다. 만약 남편이나 아내가 변화를 위협적으로 느끼고 저항한다면, 우리는 분노에 차거나 우울해하는 배우자와 함께 생활해야 한다. 결혼이라는 용광로 속에서 변화가 반드시 좋은 결과로 이어지는 것은 아니지만, 변화를 피할 수는 없다. 그렇지 않다면 결혼생활은 지속될 수 없을 것이다. 결혼생활이 서로의 성장을 가로막고 있다면 변화는 더더욱 필요하다.

중년이 되어 사라져야 할 투사가 한 가지 더 있는데, 이는 '상징적 보호자'라는 부모 역할과 관련이 있다. 보통 중년에 들어서면 부모는 기력이 많이 쇠했거나 이미 세상을 떠난 경우가 많다. 부모와의 관계가 냉담하거나 문제가 있는 경우라 할지라도 부모라는 상징적 존재는 여전히 보이지 않는 정신적 기둥이다. 부모가 살아 있다면, 위험한 미지의 우주에 맞서는 정신적 완충지대 역시 그대로 남아 있는 셈이다. 그러다 이 장벽이 사라지면 우리는 존재의 불안이 확 다가오는 걸 느낀다. 40대 초반의 한 여성 내담자는, 70대 중반인 부모가 조용히 이혼하겠다고 결정하자 공황장애를 겪었다. 내담자는 부모의 결혼생활이 평탄치 못하다는 사실을 이미 알고 있었지만, 부모의 존재는 여전히 외부의 우주로부터 자신을 지켜주는 보이지 않는 방패막이었다. 그런데 부모가 이혼을 결정함으로써 이 방패막이는 산산이 깨져버렸다. 이 내담자는 중년에 들어서서 또다시 외로움과 버림받은 느낌을 겪어야 했다.

1차 성인기 동안 수명을 다하는 투사에는 이것 말고도 여러 종류가 있지만, 결혼, 육아, 직장, 그리고 방패막이 역할을 하는 부모에 대한 기대의 상실이 가장 큰 부분을 차지한다.

정신분석학자 마리루이제 폰 프란츠Marie-Louise von Franz는 자신의 저서 《융 심리학에서의 투사와 기억 Projection and Re-Collection in Jungian Psychology》에서 투사의 다섯 단계에 관해 논했다.[15] 첫째로, 내면(무의식)의 경험이 순수하게 외면적이라고 믿는다. 두 번째로, 현실과 투사된 이미지 사이에 불일치가 있음을 점점 깨닫는다(사랑이 식는 경우를 예로 들 수 있다). 세 번째로, 이러한 불일치를 인정할 수밖에 없게 된다. 네 번째로, 처음부터 잘못됐다는 결론을 내린다. 마지막 다섯 번째 단계에서는 자신의 내면에서 투사된 에너지의 기원을 찾는다. 투사가 의미하는 내용을 탐색하는 이 마지막 단계에는 자기 자신을 더욱 잘 이해하려고 노력하는 과정이 언제나 필요하다.

투사된 이미지가 닳아 없어지는 일, 그리고 자신 속에 늘 존재하던 기대와 희망을 버리는 일은 언제나 고통스럽지만 자기 자신을 이해하기 위한 필수 전제조건이기도 하다. 외부세계가 우리를 구원해줄 것이라는 희망을 버려야 나는 나 스스로 구원해야 한다고 생각할 가능성이 생긴다. 두려움에 가득 차 어른들이 구원해주기를 바라는 각자의 내면아이에는 이를 책임질 수 있는 어른이 이미 자리잡고 있는 것이다. 투사의 결과로 나타난 내용물을 인식하고 깨달음으로써 유년기로부터 자신을 해방하는 거대한 발걸음을 내디딜 수 있다.

끝없을 것 같았던 여름이 지나가다

1차 성인기에 우리는 젊은 자신감을 아직 정해지지 않은 미래에 투사한다. 하지만 에너지가 시들고 나면 이런 태도를 포기하기 쉽다. 전날 밤잠을 설쳤다고 하자. 일은 이전과 다름없이 할 수 있을지 모르나 회복이 예전만큼 빠르지 않고 자잘한 통증과 피로감이 남아 있을 것이다.

젊었을 땐 보통 건강한 육체를 당연하게 여긴다. 항상 도움이 되고 나를 지켜주며 필요할 때 의지가 되고 회복도 빠를 것으로 생각한다. 그러나 원하지 않아도 피할 수 없는 변화가 찾아온다는 사실을 깨닫는 날은 언젠가 오게 마련이다. 그때 건강했던 육체는 적으로, 우리가 주인공인 영웅 드라마의 내키지 않는 악역으로 전락한다. 마음은 여전히 희망에 차 있는데 몸이 예전 같지 않다.

예이츠William B. Yates(아일랜드의 시인, 극작가 - 옮긴이)가 일찍이 탄식하며 읊조린 시구를 빌려본다. "내 심장을 소진해주오. 욕망으로 병들어 죽어가는 동물에 매달려 자신의 처지도 모르오니."[16] 한때 자아의 겸손한 충복 역할을 하던 몸은 쌀쌀한 적이 되고, 이제 우리는 쇠약해진 몸에 갇혀버린 기분마저 든다. 정신이 아무리 팔팔하게 솟구쳐오른다 해도, 화이트헤드Alfred North Whitehead(영국의 철학자, 수학자 - 옮긴이)가 말한 "몸의 증언witness of the body"[17]*이 우리를 다시 현실로 되돌려놓는다.

한때는 끝없이 계속될 것만 같던 시간 역시 발목을 잡는다. 페리페테이아peripeteia**라고 할 만한 변화다. 우리는 끝이 정해져 있는 유한한 삶을 살지만, 죽기 전에 우리가 원하고 추구하는 모든 걸 이룰 방법은 없다는 사실을 깨닫는다. 이런 의미에서 내 지인은 '삶은 부분일 뿐, 전체일 수는 없다'고 결론내린 것이리라. 우아한 몸과 영안실. 끝없을 것 같았던 여름과 갑작스런 암전. 한계와 불완전함을 느낄 때 1차 성인기가 비로소 끝난다. 딜런 토머스Dylan Thomas(20세기 영국의 시인 - 옮긴이)는 이

---

* 화이트헤드는 우리가 몸을 항상 느낄 수밖에 없기 때문에 몸이 현실을 인식하는 데 중요한 요소라고 보았다 - 옮긴이.
** 아리스토텔레스가 《시학》에서 말한 플롯의 3대 요소 중 하나로, 줄거리가 행운에서 불운으로 급반전되는 것을 가리킨다 - 옮긴이.

러한 전환에 대해 인상 깊고도 아름다운 시구를 남겼다.

> 하얀 양 떼같이 아무 걱정 없던 시절,
> 시간은 내 손 그림자를 붙잡고 제비가 모여드는
> 추녀로 이끌어 올리곤 했다,
> 늘 떠오르는 달빛 속에서,
> 시간의 등에 올라타 잠 못 이루고
> 들판을 날아다니는 그 소리를 들었다
> 그리고 아이 없는 땅과는 완전히 동떨어진 농장
> 에서 일어났다.
> 아, 시간의 은총 속에 편안했던 그 어린 시절,
> 시간은 죽을 만큼 푸르게 날 안아주었지
> 사슬에 묶여 바다처럼 노래하던 나조차도.[18]

희망을 줄이다

마음의 지갑이 풍성함을 잃고 자신이 죽을 수밖에 없는 운명임을 자각하면, 인생의 한계는 갑자기 피할 수 없는 것이 되어버린다. 유년기의 주술적 사고와 사춘기의 연장인 1차 성인기의 영웅적 사고는 현실의 삶에 알맞지 않다고 이미 밝혀졌다. 끝없이 넓어지려고 하는 제왕적 성격을 지닌 자아는 유년기의 불안함을 우월감으로 상쇄한다. "페임, 난 영원히 살 거야. 날아가는 법을 배울 거야"(아이린 카라Irene Cara의 노래 〈페임Fame〉 중에서 - 옮긴이). 자아가 초기에 갖는 불멸과 명성에의 희망은 유년기의 두려움과 세계에 대한 무지함에 정비례한다. 마찬가지로 중년의 쓰라림과 우울은 유년기의 비현실적 소망을 이루기 위해 쓴 에너지의 양과 비례한다.

자아는 거대하고 알 수 없는 우주에서 자신의 발판을 마련하려 한다. 뼈대가 되는 조각을 점점 둘러싸면서 산호초가 생성되는 것과 마찬가지로, 자아는 경험 조각을 모아 거대한 조류에 쓸려가지 않도록 자신을 지탱해 줄 구조물을 만든다. 이때 당연히 자아의 의식은 무겁디 무거운 삶의 경험으로부터 자신을 보호하고, 그 불안함을 당당함으로 자신을 과장함으로써 보상해야겠다고 결론내린다. 자신이 거대하다는 망상은 우리가 불안할 때 어둠을 잠시 물리치고 잠에 빠져들 수 있게 해준다. 그러나 평범함 속에서 몸부림치는 것이야말로 중년의 우리를 서서히 성숙시킨다. 자신의 이름을 단 호텔을 지을 정도의 명성을 얻은 사람이라 해도 자기 자식을 미치게 만들 수 있다. 이처럼 우리 중 누구도 예외 없이 한계와 쇠락, 그리고 유한성과 맞닥뜨릴 수밖에 없다. 권력과 특권으로 자신을 휘감아 평화와 의미를 얻어 오랫동안 만족할 수 있다 해도, 그 본질은 우리가 투사하는 유년기의 소망일 뿐이다.

자아와 관련한 젊음의 또 다른 소망은 완벽한 애정 관계를 향한 욕구다. 주변을 아무리 둘러봐도 완벽한 관계는 없지만, 우리는 여전히 자신은 더 현명하고 나은 선택 능력을 지녔으며 그에 따르는 함정을 피할 준비도 더 잘되어 있다고 믿는다. 《코란》은 이렇게 경고한다. "그대보다 먼저 통과한 이들과 똑같이 시행착오를 겪지 않고도 축복의 정원에 들어설 수 있다고 확신하는가?"[19] 이런 조언은 다른 사람한테나 필요하다고 믿을지 모른다. 이 주제에 대해 뒤에서 더 서술하겠지만, 중년에 들어 일어나는 두 번째로 큰 기대의 쇠락은 '관계의 한계에 직면하는 일'이다. 우리에게 필요한 모든 것을 충족시켜주며 우리를 돌봐주고 항상 옆에 있어주는 완벽한 배우자는, 사실 우리와 마찬가지로 자신의 욕구로 꽉 차 있으며 우리에게 똑같은 기대를 투사하는 사람이다. 결혼생활이 중년에 가서 파탄 나는 경우가 많다. 큰 이유 중 하나는 결혼한 두 사람을 엮고 있는 구조물은 불안한 반면 거기에 지나치게 큰 유년기의 희망을 얹어놓기 때문이다. 자신의 내면아이가 품고 있는 거대한 희망을 타인은 이뤄주려고 하지 않으며 그럴 수도 없는데, 이를 버림받고 배신당했다고 느끼는 것이다.

투사는 우리 마음속에서 잡지 못하거나 알지 못하는 것에 형체를 불어넣는다. 인생에는 이러한 투사를 지워 없애는 방식이 존재하며, 우리는 실망하고 고독한 와중에도 자신의 만족감에 책임지는 법을 배워야 한다. 다른 어느 누구도 대신 우리를 구원해주고 돌봐주며 우리의 상처를 치유해주지 못한다. 영원한 동반자가 되기를 자처하며 그럴 준비가 되었다는 사람은, 우리는 잘 알아차리지 못하지만, 사실 우리 마음 안에 있다. 유년기의 희망과 기대가 사그라졌음을 인정하고 스스로의 의미를 발견할 책임을 직접 져야 한다는 사실을 받아들일 때, 비로소 2차 성인기가 시작된다.

내 지인 하나는 자신의 가장 큰 문제가 질투심이라고 인정했다. 질투심은 내가 갈망하는 것을 다른 누군가가 가지고 있다고 지각할 때 일어난다. 꼭 필요한 보살핌조차 받지 못한 채 힘든 어린 시절을 보낸 그는 여전히 스스로를 부정적으로 정의하고 있었다. "나는 다른 사람에게서 꽉 찬 부분을 보는 공백과 같아." 유년기는 다시 돌아오지 않으며 이제는 상황이 다르다는 사실을, 그리고 마음속에 있는 공백은 아무도 마법처럼 대신 메꿔줄 수 없다는 사실을 인식하는 일은 분명 가슴 아픈 일이다. 하지만 그 단계를 거쳐야 치유가 가능하다. 자신의 정신만으로 충분히 스스로를 치료할 수 있다는 사실을 믿는 것은 분명 어려운 일이다. 이 일을 어떻게 해내느냐에 따라 자신의 능력을 스스로 발휘할 수 있다고 믿거나, 유년기의 환상을 계속 헛되이 추구하거나 둘 중 하나가 될 것이다. 불멸이니 완벽이니 거대함 같은 이룰 수 없는 꿈을 놓아 보내는 일은 정신과 관계를 오염시키지 않는 데 중요한 역할을 한다. 하지만 자기와 타인으로부터 경험하는 소외 속에는, 그 고독감을 통해 자신 안에 얼마나 거대한 인물이 자리잡고 있는지 느끼게 해줄 가능성이 숨어 있다.

우울, 불안, 신경증을 겪다

낭만적 사랑을 '순간의 감정으로 영원을 약속하게 만드는 덧없는 광기'로 볼 수도 있는 것처럼, 중간항로에서 일어나는 여러 격변 역시 정신적 발작처럼 보일지도 모른다. 중간항로를 겪고 있는 사람이 '미친 것처럼' 행동하며 타인으로부터 자신을 격리하려 하기 때문이다. 지금껏 믿고 살아온 갖가지 전제와 가정이 무너지고 있다고, 잠정 인격이 끌어모은 여러 가지 전략이 아무 보상 효과를 만들지 못한다고, 결국 자신의 세계관이 송두리째 무너지고 있다는 사실을 깨달은 사람의 몸부림이라면 충분히 이해할 수 있다. 게다가 감정적 맥락까지 이해하면 미친 짓 같은 건 없다는 결론도 내릴 수 있다. 우리가 감정을 선택한 게 아니라, 감정이 스스로의 논리로 우리를 선택한 것이다.

정신병동에 입원한 한 환자가 창밖으로 계속 의자를 집어던지다 구속복을 입어야 하는 신세가 되었다. 탈출을 시도한다고 의심받은 것이다. 하지만 조심스럽게 대화를 시도한 결과, 사실 이 환자는 자기 방에서 공기가 계속 빠져나가고 있다고 느껴 신선한 공기가 필요하다고 생각했다. 정신적으로 갇혀 있다는 생각이 상징적인 폐소공포증으로 전환된 것이다. 환자의 감정적 전제를 감안하면 공기가 더 필요하다는 욕구는 충분히 논리적이었으며, 실제로 좀 더 넓은 병동으로 옮긴 후 그는 훨씬 안정감을 찾았다. 이 환자의 행동은 미친 짓이 아니었다. 폐쇄와 질식이라는 심리적 경험을 논리적으로 수행하고 있었을 뿐이다.

중간항로를 지나는 동안에는 거대한 감정의 물결이 자아의 경계를 뚫고 들어와 상징적으로 상처받거나 무시당한 부분을 명확하게 밝혀줄 때가 많다. 비서랑 눈이 맞아 사랑의 도주를 저지른 사람의 경우 내면의 삶, 그러니까 잃어버린 자신의 여성적 차원이 시들어 영원히 사라져버릴까 봐 두려워하고 있다고 할 수 있다. 이러한 욕구가 대부분 무의식적이듯, 이 사람은 자신의 잃어버린 여성적 측면을 현실의 다른 여성에 투사한 것이었다. 만약 여성이 우울증에 시달린다면, 이는 달갑지 않은 내면의 분노를 마음 놓고 공격해도 되는 유일한 인물인 자기 자신에게 투사한 결과다. 다른 사람들은 미쳤다고 여길지 모르겠지만 실상은 그렇지 않다. 이들 모두는 현실을 그린 지도가 더 이상 실제 지형과 맞지 않게 된 그 시점에 자신을 괴롭히는 거대한 욕구와 감정에 반응했을 뿐이다.

의미 있는 광기를 완벽하게 설명하는 예로 필립 로스Philip Roth의 단편소설 〈광신자 엘리Eli, the Fanatic〉가 있다.[20] 이 소설의 배경은 온 세계가 갈 곳 잃은 사람들로 가득하던 2차 대전 직후다. 주인공 엘리는 미국의 교외 지역에 사는 명망 있는 변호사다. 강제수용소에서 살아남은 생존자 한 무리가 자신이 사는 동네에 정착하자, 엘리는 이 새로운 이주민들을 만나 유대인의 정체성을 누그러뜨려달라고 요청하려 한다. 그러나 엘리는 그 과정에서 오히려 자신의 정체성과 혈통이 얼마나 허무하고 보잘것없는지 깨닫는다. 결국 그는 자신이 입고 있던 비싼 양복을 낡아빠진 랍비 옷과 바꿔 입고는 《성서》 속 자신의 이름을 흥얼거리며 동네를 걸어간다. 소설 마지막 장면에서 엘리는 정신병동에 수감되어 강력한 진정제 주사를 맞는다. 미쳤다는 진단을 받긴 했으나, 실제로 그는 자신의 잠정 정체성을 벗어던지고 출세라는 덫과 투사를 피해 오랜 전통 속에 자신을 내맡긴 것이다. 새로운 정체성이 통념적 가치와 일치하지 않는다는 이유로 엘리는 '미쳤다'고 여겨졌으며, 자신이 새로이 획득한 의식은 약물치료 대상으로 전락했다. 이 소설을 본 몇몇 독자는 워즈워스가 윌리엄 블레이크William Blake(워즈워스와 동시대의 영국 시인, 화가 – 옮긴이)에 관해 했던 말을 인용할지도 모르겠다. "[블레이크가] 미쳤다고 생각할 이도 있을지 모르겠으나, 나는 다른 사람들의 온전한 정신보다 이 사람의 광기가 더 좋다."[21]

전략과 투사를 필연적으로 동반하는 후천적 자기감과 개인의 생애 이력 깊숙이 숨어 있는 자기의 진정한 요구 사이가 점점 크게 벌어질 때, 사람들은 자신으로부터 무언가가 떨어져나가는 기분이라고 표현한다. '신경증'이라는 말은 18세기 말에 스코틀랜드 외과의 윌리엄 컬런William Cullen이 처음 사용했다. 이는 컬런이 인간의 경험이란 신경학적인, 그러니까 신경계와 관련된 것이라고 믿었음을 시사한다. 하지만 흔히 신경쇠약이라고도 불리는 신경증은 정신 내부의 분열과 그 이후에 발생하는 저항을 설명하기 위해 사용한 말일 뿐 사실 신경학과는 아무 상관이 없다. 우리 모두는 신경증적이다. 현실의 자신과 스스로 원하는 자신 사이의 괴리를 경험하기 때문이다. 우울증, 약물 남용, 자기파괴적 행동 등 신경증의 증상으로 나타나는 저항 현상을 당사자는 가능한 한 오래 인정하지 않는다. 그러나 이들 증상은 에너지를 다시 얻고 나면 자아의 의지 범위 밖에서 제멋대로 행동하기 시작한다. 신경증 증상에게 사라지라고 명하는 일은 다이어트 중인 사람에게 배고파하지 말라고 말하는 것만큼이나 의미가 없다. 이 증상은 역효과를 낸다 할지라도 의미가 있다. 표현하려는 바를 상징적 형태로 드러내기 때문이다.

겁에 질린 개인은 한때는 잘 작동했던 자기감을 회복하기를 무엇보다도 소망한다. 임상가들이 잘 알고 있듯 신경증 증상은 상처받거나 방치된 곳이 어디인지 가리켜주는 동시에 이후 치료 방향까지 알려주는 유용한 단서다. 또한 중년에 경험하는 신경증은 그 시점이 언제든 간에 변화를 향한 거대한 시작을 알린다. 융이 말한 것처럼, "가장 중요한 사실은 신경증 발병이 우연이 아니라는 것이다. 새로운 심리적 조정이나 새로운 적응이 필요한 바로 그 순간에 신경증은 발생한다."[22] 이러한 위기와 아픔을 만들어낸 장본인은 다름 아닌 우리 스스로의 정신이며, 그 이유는 상처를 이미 받은 상태에서 이제는 변화가 일어나야 하기 때문이다.

남편이 세상을 떠나자마자 65세에 처음으로 정신분석을 받으러 온 여성의 꿈 이야기가 종종 생각난다. 이 내담자는 아버지와 아주 밀접하고도 긍정적인 관계 속에 성장했으며, 이로 인해 강한 아버지 콤플렉스를 갖게 됐다. 그리고 남편은 내담자보다 몇 살 연상이었다. 내담자가 두 사람과 사별 후 절망 상태에 빠진 건 당연한 귀결이었다. 한 목사가 정신치료를 받아볼 것을 제안하면서 그녀는 위로를 얻었다. 처음에 내담자는 정신치료가 자신의 아픔을 지워줄 것이라고 생각했다. 그리고 예상한 대로 정신분석가에게 상당한 권위를 투사했다.

정신분석을 시작한 지 몇 달이 지났을 때, 내담자는 세상을 떠난 남편과 함께 여행을 떠나는 꿈을 꾸었다. 시냇물을 가로지르는 다리를 건너려는 순간, 내담자는 지갑을 놓고 왔다는 사실을 깨달았다. 남편은 계속 걸어갔지만 그녀는 지갑을 가지러 왔던 길을 되돌아갔다. 다시 다리까지 왔을 때, 한 낯선 이가 왼쪽으로 다가와 함께 다리를 건넜다. 내담자는 이 사람에게 지금 저기 앞서가는 남편이 사실은 이미 세상을 떠났다고 말했다. 내담자는 한탄했다. "너무 외로워요, 정말로." 그러자 낯선 이가 대답했다. "알겠어요. 하지만 전 괜찮던걸요."

꿈속에서 내담자는 남편과 사별한 사실에 무심하게 반응하는 이 낯선 사람에게 화가 났고, 내게 꿈을 설명할 때도 마찬가지였다. 하지만 나는 이 꿈 이야기를 듣고 무척 흥분했다. 이 꿈은 내담자가 심리적 변화를 겪고 있음을 명백하게 보여주었기 때문이다. 내담자의 아버지와 남편은 세상을 떠난 뒤에도, 내담자가 자신을 정의하는 데 여전히 지배적 역할을 행사하고 있었다. 아버지 콤플렉스는 표면상으로는 친절하고 자비로워 보이지만, 실은 내담자가 진실한 자신을 발견하는 것을 가로막는 외부의 권위였다. 꿈속에 나타난 다리는 외부에 있는 타인의 권위로부터 자신 내면의 권위로 이동하는 능력을 상징한다. 낯선 사람은 아버지 콤플렉스의 힘 때문에 발전하지 못한 채 묻혀 있던, 내담자 내면의 남성적 본질인 아니무스animus를 의미한다. 정신이 자기를 제어하는 놀라운 지혜를 보여주는 좋은 예라 할 수 있다. 내담자의 고통받는 자아가 아버지의 지배에 놓여 있지 않은 자신의 내면 요소를 키운 것이기 때문이다. 그녀의 중간항로는 나이 65세에 비로소 시작됐다. 그때에야 자신의 정체성을 회복하고 스스로의 권위를 찾기 위한 여정을 떠났으니 말이다. 이 두 가지야말로 진정한 성인기를 맞이하기 위한 전제조건이다.

신경증에 대한 또 다른 관점은, 이를 상당한 수준의 '자기분리 상태'에서 생겨난 고통으로 간주하는 것이다. 유년기 사회화 과정과 외부 현실이 가하는 압박에 대응하면서 우리는 점차 자기 자신으로부터 소외된다. 내면에서 나오는 저항은 외부세계의 무게에 그만 짓눌려버린다. 중년이 되면 영혼이 받은 상처와 홀대가 너무 많이 쌓여서 정신의 각 부분이 더 큰 모욕에 필사적으로 저항해야 한다. 이러한 저항은 증상으로 나타나는데, 신경증 증상이 전달하는 메시지를 약물치료로 지워버리기보다는 증상과 대화를 나눔으로써 융이 앞서 언급한 '새로운 적응'을 시작하는 게 좋다.

이미 영혼의 어둠으로 극심한 고통에 시달리는 이들에게, 앞서 언급한 내담자의 꿈에 등장하는 낯선 사람이 얘기했듯, '이 고통이 사실은 좋은 것'이라는 말은 진실이라 해도 매우 받아들이기 힘들 것이다. 그러나 고통 속에서도 앞으로 나아가는 길은 여전히 찾을 수 있다. 삶은 질병이 아니며 죽음은 벌이 아니다. 따라서 치료약 같은 건 있을 수 없지만, 더 의미 있고 충만한 삶으로 나아가는 길은 분명히 있다.

또 다른 여성 내담자는 신체 기형, 무시당하고 버림받은 시간, 각종 의존적이고 굴욕적인 연애 경험에 이르기까지 굴곡 많은 삶을 보내며 아주 오랫동안 심하게 고통받았다. 중년이 되어 자신의 세계가 송두리째 무너져버리자, 그녀는 알지 못했던 자신의 모습을 탐구하기 위해 내면의 여행을 시작했다. 내담자는 자신이 겪은 고난의 중간항로를 묘사하는 데 '분열'이라는 단어를 썼다. 많은 사람이 실제로 이러한 분열을 경험하며, 당연하게도 이 중 대부분은 신경증이라는 요새로 도망쳐 변화의 바람을 피하려 한다. 그러나 내가 이 내담자에게 분열을 느낄 때 어떻게 대처하는지, 고통받는 과정에서 자신은 어떤 상태인지를 질문하자, 그녀는 이를 극복하고 더욱 진정한 삶으로 나아갈 것이라는 뜻을 분명히 밝혔다. 내담자는 나에게 이렇게 말했다. "내 마음 한쪽에 말을 걸고 무슨 대답을 하는지 들어요. 그다음에는 저쪽에 똑같이 하죠. 내 정신이 원하는 게 무엇인지 알려고 노력해요."

내담자는 정신이 마치 살아 있는 생명체인 듯, 자신에게 방향을 알려주는 여성형 단어로 묘사했다. 누군가는 "목소리가 들린다면, 아마 정신분열증이겠죠"라고 말할지도 모르겠다. 실은 정반대다. 우리 모두 목소리를 듣는다. 자기 자신에게 말을 거는 내 안의 일부분이 바로 콤플렉스다. 단지 우리가 이를 의식 수준에서 듣지 못하기 때문에 그것의 포로가 되어버리는 것이다. 이 내담자는 자아와 자기 사이에 대화가 이루어지도록, 그리하여 지나온 삶으로 인해 멀어진 둘 사이의 틈을 메우려고 노력했다. 그런 과정을 통해 나아질 수 있다는 믿음을 갖기란 쉽지 않지만, 그런 만큼 더욱 필요하다. 우주는 우리와 맞서고 있는 게 아니다. 독일의 시인 릴케Rainer Maria Rilke는, 우리 안에 있는 사나운 용은 사실 우리의 도움을 찾아 헤매고 있는지도 모른다고 아름답게 묘사했다.

우리가 어떻게 인간의 시초부터 존재한 고대의 신화들을 잊어버릴 수 있겠는가. 마지막에 공주로 변하는 용에 관한 신화들을 말이다. 우리 삶에 등장하는 모든 용은 한때는 아름답고 용감했던 우리를 보기 위해 기다리고 있는 공주일지 모른다. 모든 끔찍한 것은 우리 내면 깊은 곳에서 도움을 구하는 힘없는 존재다.[23]

신경 써서 돕는다면 우리 안의 용을 새로운 삶을 위한 에너지원으로 바꿀 수 있다.

융은 신경증을 "아직 그 의미를 찾지 못한 고통"[24]으로 정의했다. 고통은 의식의 변신에 필요한 전제조건과 같다. 다른 저서에서 융은 신경증이 "진짜 고통이 아니다"[25]라고 넌지시 말했다. 진짜 고통이란 내 안의 용과 직접 대면하는 것이고 진짜가 아닌 고통은 그로부터 도망치는 것이다.

융과 릴케의 말이 옳다면(물론 나는 그렇게 생각한다), 우리 마음속에 있는 용은 우리가 두려워하는, 우리를 삼켜버리겠다고 위협하는 모든 것을 상징한다. 그러나 이는 엄청나게 가치 있음에도 홀대받는 우리 자신의 일부분이기도 하다. 이를 진지하게 받아들이고 애정을 보인다면, 그 보답으로 우리는 삶의 후반부 여정에서 막대한 에너지와 의미를 선물받을 것이다.

3. 온전한 인간이고 싶다

이제, 내면을 바라볼 시간

인생 전반부에서 가장 중요한 목표는 자아 정체성을 형성하는 것이다. 우리 주변에는 집을 제대로 떠나본 적이 없는 사람이 많다. 한 지붕 아래 살며 부모를 돌보는 사람도 있고, 부모와 같은 동네 또는 부모 집에서 멀지 않은 곳에 사는 사람도 있으며, 수천 킬로미터나 떨어져 살면서도 여전히 부모에게 좌지우지되는 사람도 있다. 이들은 부모와 심리적으로 분리되지 못해 여전히 얽매여 있으며, 자아 정체성을 만든다는 전반부 목표도 당연히 성취하지 못한다.

자아 정체성을 제대로 만들지 못한 채 인생 후반기로 접어든 개인은 성숙해지기 어렵다. 2차 성인기를 맞을 준비를 하려면 부모와 거리상으로 떨어져 있는 것만으로는 부족하다. 또한 스스로의 에너지를 생산적으로 사용할 방법을 찾을 필요가 있다. 이는 단순히 월급 주는 직장에 다닌다는 뜻이 아니라, 해결해야 할 과제가 있다는 도전을 받으며 이를 달성함으로써 보람을 느낀다는 뜻이다.

애정관계도 더욱 성숙하게 이끌어야 한다. 남들과 타협하지 못하고 관계 안에서 늘 생기게 마련인 마찰 상황에서 자신을 절제하지 못한다면, 이는 자신의 정신적 현실psychic reality*을 이해하는 데 실패했음을 뜻한다. 이에 더해, 외부세계의 시민이라는 역할을 제대로 수행할 필요도 있다. 세상의 광기에서 한 발짝 물러나고 싶었던 순간이 우리 모두에게 있었을 것이다. 때로는 잠깐 물러나 있으면 실제로 영혼이 회복력을 얻기도 한다. 하지만 영원히 도망치는 일은 개인의 정체성이 더 발달하지 못하도록 피하는 것과 같다. 2차 성인기의 과제를 융은 다음과 같이 설명했다.

> 청년은 인생을 살면서 자연스레 자신의 유년기와 유년기의 부모에 대한 의존성에서 벗어나야 한다. 그러지 않으면 무의식적 근친상간의 굴레에 몸과 영혼이 묶이고 만다.[1]

> 공포는 도전이자 과제다. 대담해져야 공포로부터 벗어날 수 있기 때문이다. 이 과제를 받아들이지

---

* 객관적이기보다는 과거 경험, 무의식, 감정 등으로 만든 개인의 주관적 세상을 의미한다 – 옮긴이.

않으면 삶의 의미 자체가 침해당하며, 미래 전체
가 희망 없는 진부함에, 단조로운 잿빛 환영幻影
에 빠지는 운명을 맞는다.[2]

앞에서 살펴본 대로, 자아 정체성을 성공적으로 획
득했다 하더라도 중년에 들어서면 허물어질 수 있다. 결
혼에 실패한 상처, 자신을 지지하고 지켜줄 거라고 믿었
던 배우자의 냉대, 출세 욕구 상실 등은 자아의 투사와
이로 지탱되던 자신의 정체감이 지워져버렸음을 의미한
다. 자아 상태를 확립하고 자신의 세계를 짓는 일이 지금
껏 아무리 성공적이었다 해도 중간항로에서는 위축을 겪
으며, 이는 혼란과 좌절, 정체성 상실로 인식된다.

중간항로가 시작되면 우리는 삶의 전반기에 끝내지
못한 일이 뚜렷이 떠올라 종종 상처를 받는다. 예를 들
어, 결혼생활에 실패하면 당시에는 알지 못했지만 자신
이 얼마나 자기도 모르게 결혼에 기대고 있었는지 하나
씩 느낀다. 배우자에게 부모 콤플렉스를 투사하고 있었
음을, 또는 결혼생활을 유지할 기술이나 자신감이 없었
음을 자각할지도 모른다. 그러면 인생 전반기의 두려움
이 자신 안에 둥지를 틀어, 후회와 동시에 타인을 원망하
고픈 욕구가 생긴다.

중간항로에서 겪는 가장 강력한 충격 중 하나는 우

리가 암묵적으로 우주와 맺었던 계약, 다시 말해 우리가 옳게 행동하고 선의를 지니면 모든 일이 제대로 풀릴 거라는 생각이 무너지는 것이다. 우리는 우주와 상호의존 관계에 있으며, 자신의 몫을 다하면 우주 또한 이에 응답할 것이라고 생각한다. 유감스럽게도, 《성경》의 〈욥기〉('어찌하여 의로운 자가 고난을 당하는가?' 하는 문제를 다룬다-옮긴이)에서처럼 고대 이야기의 상당수는 그런 계약 따위는 존재하지 않음을 보여준다. 중간항로를 거치는 모든 사람은 이를 깨닫는다. 예를 들어 결혼이라는 돛단배에 올라타는 사람은 나침반이 아무리 불안하고 파도가 아무리 거세도 희망과 선의로 가득 차 있다. 그러다 관계의 파탄을 경험하면, 그 관계뿐만 아니라 자신의 세계관 전부를 잃어버리기도 한다.

그중에서도 가장 큰 충격을 꼽자면 아마도 '자아의 우월함'이라는 환상이 깨지는 일일 것이다. 한때 자아의 목표를 아무리 성공적으로 달성했다 해도 언제까지나 그럴 수는 없다. 자아의 붕괴는 자신이 삶을 통제하지 못함을 뜻한다. 니체Friedrich Nietzsche는 자신이 신이 아님을 깨닫게 될 때 인간이 얼마나 당황하고 경악하는지에 관해 묘사했다. 그 경험은 사실 우리가 자신의 삶마저 제대로 꾸리지 못한다는 사실을 자각하는 것이다. 마찬가지로 융도 자신이 자기 집의 주인이 아님을 깨달을 때 일어나는 전율이 어떤 것인지 강조했다. 충격, 혼란, 공포를 제외하고도 중간항로에서 기본적으로 일어나는 사건들로 인해 우리는 겸손해진다. 《성경》 속의 욥처럼, 우리는 모든 환상이 무너진 채 오물 더미 위에 걸터앉아 대체 어디부터 모든 게 잘못되었는지 혼란에 빠진다. 그러나 이런 경험에서 새로운 삶이 탄생한다. 인생 후반기를 맞이하기 위해서는, 전반기에 투쟁을 통해 얻은 힘이 필요하다. 자아에 힘이 없으면 우리는 '자아-세계'라는 축을 '자아-자기'로 전환할 수 없을 것이다. 자아를 분리시켜 탄탄하게 만드는 과정에서 미처 이루지 못한 부분은 개인이 성장하는 데 장애물로 작용한다.

성장하여 스스로 책임질 것을 요구한다는 점에서 삶은 무자비하다. 단순하게 들릴지도 모르겠지만, 성장은 중간항로에서 정말로 피할 수 없는 요구사항이다. 이는 결국 타인의 중재 없이 자신의 의존성, 콤플렉스, 공포를 직면해야 한다는 뜻이다. 이를 위해서는 우리가 짊어져야 할 몫을 타인 탓으로 돌리는 일을 그만두고 자신의 육체적·감정적·정신적 안녕을 스스로 책임져야 한다. 나를 상담했던 정신분석가는 나에게 "자신의 공포를 삶의 의제로 삼아야 합니다"라고 말한 적이 있다. 놀라운 관점이긴 했지만, 그 말의 진정한 뜻을 나는 알았다. 나의 공포는 전적으로 내가 해결해야 하며, 이를 위해 나의 모든 힘을 쏟아야 한다는 사실을 말이다.

우리는 중간항로 도중에도 자식, 경제적 현실, 그 외 갖가지 일에 의무를 지닐 때가 많다. 그렇더라도 우리는 의무의 방향을 내면세계로 돌려 성장하고 변화하는 동시에 인생이라는 여정의 목표인 특별한 무엇을 찾아내야 한다.

페르소나와 그림자의 대화

자신이 누구인지 충분히 알고 있으며 자신을 스스로 통제할 수 있다는 환상이 무너지고 자아가 지녔던 주도권이 붕괴하면, 필연적으로 페르소나와 그림자shadow*가 충돌한다. 중년에게 페르소나와 그림자의 대화는 곧 현실정치Realpolitik를 따르는 사회와 개인의 진실 사이에서 균형을 잡아야 한다는 것을 의미한다.

'페르소나Persona(라틴어로 '가면'을 뜻한다)'는 자아가 사회적 삶의 조건에 의식적으로 적응하는 것을 가

---

* 개인이 숨기고 싶어하는 내면의 모든 부정적인 부분. 융은 모든 사람에게 그림자가 있으며, 이를 부정하지 않고 받아들여 완성된 삶으로 나아가야 한다고 보았다 – 옮긴이.

리킨다. 우리는 내면에서 다양한 페르소나와 사회적 역할을 발전시킨다. 페르소나는 허구이긴 하지만 생활하는 데 필요하다. 부모와 있을 때, 고용주와 있을 때, 연인과 있을 때 필요한 방식이 각각 다르지 않겠는가. 외부세계와 어울리기 위해 페르소나를 쓰는 것인데도, 우리는 타인의 페르소나를 내면의 진실로 착각하는 경향이 있으며 마찬가지로 우리가 행하는 역할이 우리 자신이라고 믿어버리기 일쑤다. 앞서 말했듯, 역할이 바뀔 때 우리는 자기상실을 경험한다. 페르소나는 개성인 척 가장하지만, 융이 지적한 대로 이는 근본적으로 "진실이 아니며, 개인과 사회 사이의 타협일 뿐이다".[3] '사회화된 자기'인 페르소나와 자신을 동일시하는 만큼, 우리는 내면의 진실에 접근하면 외부에 적응하지 못할까 봐 불안에 시달린다. 따라서 중간항로의 특징 중 하나는 '자신과 페르소나 사이의 관계가 급격하게 바뀌는 것'이다.

인생 전반기에는 대부분 페르소나를 만들고 유지하느라 내면의 현실에 쉽게 소홀해진다. 그러고 나서 등장하는 것이 그림자로, 이는 인식하지 못하거나 억압*된 모든 것을 가리킨다. 반드시 필요하지만 문제가 될 소지가

---

* 억압은 인정하기에 너무 고통스러운 무언가로부터 자아를 지키기 위해 생각이나 충동을 억누르는 무의식 기제를 말한다.

다분한 모든 것, 그러니까 분노와 성뿐만 아니라 즐거움, 자발성, 미개척 상태의 창조적 열정 등이 그림자에 포함된다. 프로이트가 간명하게 설명한 내용을 빌리면, 문명의 대가가 바로 신경증이다. 가족과 혈통으로부터 시작하는 사회의 요구가 정신 속 내용물을 흩뜨려놓으면서 그림자는 점점 길어진다. 그림자는 집단 및 사회의 가치가 갖는 이해관계 때문에 개인의 본성이 얻는 상처다. 따라서 그림자를 직면하고 이를 자신의 일부로 받아들이면 신경증적 분열을 치유할뿐더러 성장의 동력으로 삼을 수 있다. 융은 이에 관해 아래와 같이 썼다.

> 지금까지 그림자가 인간에게 만악의 근원이었어도, 이제는 제대로 살펴보고 새롭게 주장해야 할 것이다. 그림자에는 도덕적으로 지탄받을 만한 경향뿐만 아니라 일반 본능, 적절한 반응, 현실적 통찰, 창조적 충동 등의 미덕도 있다.[4]

중년에 이른 개인은 이미 적잖은 개성을 억누르고 있는 상태다. 예를 들어 지금까지 억제하며 살았던 분노가 중간항로를 거치는 동안 끊임없이 폭발한다. 인도-유럽어족의 어근인 angh는 분노anger(그리고 걱정anxiety, 불안angst, 협심증angina)의 어원으로 '단단히 죄다, 억누르다'라는 뜻이다. 우리는 거의 모든 사회화 과정에서 충동적 본성을 억눌러야 하는 것으로 간주한다. 그러니 시간이 지나면서 분노가 점점 쌓인다는 사실을 충분히 예측할 수 있다. 그런데 이러한 충동적 본성과 연결되어 있던 에너지는 어디로 갔을까? 이 에너지 때문에 우리는 맹목적인 야망을 불태우거나 마약을 복용하거나 자신과 타인을 학대한다. 지금껏 분노는 죄악이며 도덕적 실패라고 배워온 사람이라면, 실제로 억제하는 경험에 익숙할 것이다. 그러나 분노를 인정하고 제대로 다루면 분노는 변화를 이끄는 거대한 자극이 될 수 있으며, 그 후에는 진짜가 아닌 삶은 살지 않으려 할 것이다. 평생에 걸쳐 페르소나에 투자한 개인에게 분노라는 그림자를 만나는 건 분명 골칫거리일 테지만, 자신의 현실을 있는 그대로 느낄 자유를 쟁취하는 일은 내면의 상처를 치유하기 위해 반드시 필요하다.

　　그 외에 다른 그림자를 접하는 일도 고통스럽긴 마찬가지다. 페르소나의 세계에서 우리는 용납할 수 없는 이기심, 의존성, 욕망, 질투 등의 감정을 카탈로그 보듯 계속 보고 인정해야 하기 때문이다. 예전이라면 이 모두를 부정하면서 이 사람은 허영심투성이이고 저 사람은 야망이 지나치다는 등 다른 이들만 그런 것처럼 투사할 수 있었을 것이다. 하지만 중년에 들어서면 자신을 그렇게 속이는 능력이 바닥난다. 아침에 일어나 거울을 보면 다름 아닌 자기 자신이 적으로 보인다. 덜 바람직한 본인의 특성을 마주하는 게 고통스러울지도 모르지만, 이를 인정해야만 다른 사람에게 투사하는 일을 멈출 수 있다. 융은 우리가 세계를 위해 할 수 있는 최고의 일은 자신의 그림자를 타인에게 투사하지 않는 일이라고 생각했다. 이 세계의 문제가 실은 우리 자신의 문제이며, 결혼 생활의 문제도 우리 자신의 문제라고 말하는 데는 크나큰 용기가 필요하다. 그러나 이렇게 작아지는 순간에 우리는 우리가 살고 있는 세계를 더 나은 쪽으로 바꿀 수 있으며, 자신과 관계 모두를 치유할 수 있는 조건을 만들 수 있다.

　　자신과의 약속은 우리가 남기고 떠나온 삶의 기쁨 joie de vivre이나 써보지 못한 재능, 아이 때 가졌던 희망 등을 다시 돌아가 주워 모은다는 뜻이기도 하다. 정신이 모자이크 같은 것이라면, 우리는 조각 전부를 경험해보기는커녕 다 셀 수조차 없다. 하지만 각각의 조각은 상처받은 영혼을 치유하고 보상해줄 수 있다. 피아노를 배우고 싶었던 사람, 대학에 진학하고 싶었던 사람, 여름 오후에 항구에서 보트를 타보고 싶었던 사람 모두 자신이 어떤 이유로든 꿈꿨지만 하지 못했던 일을 실현할 수 있다. 무엇으로 정신을 치료할지는 우리가 선택하는 게 아니지만, 그 안에 들어 있는 내용물을 신경 쓸지 무시할지는 스스로 선택할 수 있다. 그러나 우리 중 대부분은 여전히 자신의 현실을 있는 그대로 인정하려 하지 않는다. 부모한테서 충분한 긍정을 받지 못했거나, 삶을 어떻게 포용하는지를 배우지 못한 것이다. 그런 방치와 태만을 내면화시켜 자신의 잠재력이 완전히 꽃피지 못하게 막아버렸다. 중년에게는 현실을 살기 위해 자기 자신에게 허락을 얻어내는 일이 반드시 필요하다. 인간은 죽을 수밖에 없는 유한한 존재이고, 시간은 계속 흘러가고, 그 누구도 우리 삶의 책임을 덜어주지 않는다는 사실은 스스로에게 삶을 충실히 살도록 해주는 강력한 격려다.

중간항로를 거치는 동안 그림자가 출현하는 일은 '자기'가 인격의 균형을 맞추기 위해 스스로를 수정하려는 노력의 일부다. 지금껏 살지 못했던 삶인 그림자를 내 안에 통합시키는 데 가장 중요한 것은 그림자의 요구 또한 자기로부터 나오며 자기는 더 이상의 억압도 막무가내식 표출도 원하지 않는다는 사실이다. 그림자를 자신 안에 받아들이려면, 사회의 구성원으로 책임을 다하는 동시에 자신에게도 정직해야 한다. 페르소나의 세계가 쇠퇴하는 것을 보며 우리는 지금까지 우리의 삶이 단지 잠정적이었을 뿐임을 깨닫는다. 내면의 진실을 자신의 일부로 받아들이는 일은 그 과정이 즐겁든 그렇지 않든 새로운 삶과 삶의 목적을 복원하는 데 반드시 필요하다.

결혼생활에 위기가 오다

앞에서 시사한 대로, 장기간의 친밀한 관계인 '결혼'만큼 중년에게 상처와 실망을 많이 주는 것은 없다. 결혼생활을 지속하려면 '내면아이'라는 짐을 견뎌야 한다. 우리는 결혼생활에 너무 많은 희망과 욕구를 걸기 때문에 그만큼 실망할 가능성이 커진다. 중년에 이르러 삶을 돌아보면, 길게는 몇십 년 전에 선택한 결혼과 직업에서의 경력 등이 사실 얼마나 무의식적이었는지를 깨닫고 전율할 것이다. 젊을 땐 쉽게 사랑에 빠지며 그 마음이 일생 동안 변치 않을 것을 약속하고 결혼해 2세를 만든다. 젊을 땐 대다수가 그럴 것이다. 그러나 중간항로를 거치는 동안 많은 이들이 자신과 배우자 사이에 수없이 많은 긴장과 피로가 얹혀 있음을 새삼 깨닫는다. 사실 중년까지 지내오면서 그렇지 않은 결혼은 거의 없을 것이다. 이혼이 중간항로의 시작을 알리는 신호가 되거나, 결혼생활이 자신에게 벌어지는 지각 변동의 진원지가 되는 것이 일반적이다.

중간항로 동안 결혼생활의 중요성과 역할에 대해 더 알아보려면, 친밀감의 본성을 더 깊이 생각해볼 필요가 있다. 우리의 영혼이 향하는 배우자는 분명 매우 중요한 사람이다. 게다가 현대문화는 종종 결혼과 낭만적 사랑을 같은 것으로 본다. 인류역사상 대부분의 결혼은 사회의 가치, 인종, 종교적 전통과 권력을 유지하고 전파하는 주축이었다. 가장 알기 어려운 감정인 사랑을 기반으로 한 결혼보다도 중매결혼이 오히려 더 잘 유지됐다. 이와 비슷하게, 상호의존에 기반한 결혼은 죽음이나 다른 운명이 개입하지만 않는다면 오히려 더 잘 지속할 가능성이 높다. (홀로코스트를 경험하고 피폐해진 내 옛 동료는 서로의 행복을 위해 자신의 인생을 돌봐주는, 자기 나이 절반의 여성과 결혼했다.) 낭만적 기대와 서로에 대한 투사 위에 자리잡은 결혼보다는 현실적 필요에 따른 결혼이 더 오래갈 확률이 높은 것이다. 조지 버나드 쇼George Bernard Shaw(아일랜드의 극작가 - 옮긴이)는 이렇게 썼다.

> 두 연인은 가장 격렬하고 광기에 찬, 가장 알 수 없으며 가장 덧없는 정열에 휩싸여 있을 때, 흥분되고 비정상적이면서도 피곤하기 그지없는 상황일 때, 바로 그때 죽음이 서로를 갈라놓을 때까지 머무르겠노라고 맹세해야 한다.[5]

다음 도표는 연애관계에서 일반적으로 발생하는 이동을 보여준다.

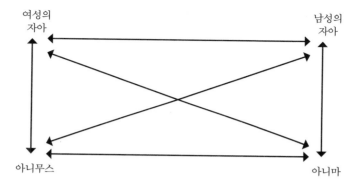

우리는 의식 수준에서 타인과 자아의 관계를 맺지만, 이 관계 위에서 낭만적 동맹을 맺지는 않는다. 자아 자리에 대신 아니마anima 또는 아니무스가 들어간다. 아니마와 아니무스는 정신 내부에 어느 정도 무의식적 상태로 자리잡은 반대편 성의 요소다.

간단히 설명하자면, 아니마는 남성 속에 자리잡은 여성적 경험이다. 이는 어머니와 다른 여성들에게서 최초의 영향을 받는데, 남성 개인의 특수성 또한 가미된다. 남성의 아니마는 자신의 몸, 본능, 감정적 삶, 그리고 타인과 관계를 맺는 능력을 구현한다. 아니무스는 여성 속에 자리잡은 남성적 경험이다. 아버지와 문화의 영향을 받으나 역시 신기하게도 개인마다 특징이 다 다르다. 아니무스는 이성적 감각, 기능적 능력 외에도 에너지를 집중하여 이 세계에서 자신의 욕구를 달성하는 능력을 구현한다. 그러나 관계에서의 기본적인 진실은 개인이 의식적으로 경험하지 않는 모든 것을 상대에게 투사한다는 것이다. 도표에서 대각선 화살표는 아니마/아니무스에서 자아로, 그리고 그 반대 방향으로 가는 투사를 나타낸다.[6] 반대쪽 성별에 속하는 많은 사람 중 자신을 매혹시키는, 그러니까 자신의 투사에 제대로 걸려 이를 한동안이라도 유지할 수 있는 사람은 얼마 되지 않는다. 그림에서 대각선 방향의 움직임은 낭만적 사랑이라는 것 이면에서 일어나는 역동을 보여준다.

낭만적 사랑은 서로 확실히 연결되어 있다는 느낌과 더불어 새로운 에너지와 희망, 그리고 마치 집에 돌아온 듯한 아늑한 느낌을 선사한다. 이러한 투사 중에서 가장 눈에 띄는 것은 바로 '첫눈에 반하는 사랑'이다. 상대가 도끼 살인마인지 누구인지 몰라도 사랑에 빠진 당사자만은 한동안 투사를 지속할 수 있다. 분명히 투사 이면에는 우리와 같은 평범한 사람이 있으며, 그도 마찬가지로 자신의 무거운 안건을 우리에게 투사하고 있다. 그러나 우리는 '이 사람은 뭔가 달라' '이런 기분은 난생처음이야'라며 상대를 특별하게 생각한다. 대중문화는 이러한 환상을 더욱 강화한다. 차트에 오른 히트곡 가사를 전부 하나로 뭉쳐보면 이럴 것 같다. '비참했던 나의 인생이 당신을 만나고부터 모든 게 새로워졌고 우리가 마치 세상 가장 높은 곳에 올라앉은 것 같았지만 당신은 변해버렸고 우리가 나눈 것들은 사라졌고 당신은 떠나갔고 이제 다시 나는 비참해져서 다시 사랑에 빠지지 않을 거야, 다음번 사랑이 올 때까지는.' 차이가 있다면 남자가수인지 여자가수인지, 그리고 기타 반주가 있는지 없는지 정도일 것이다.

날마다 함께 생활하다 보면, 이전의 투사는 무자비할 정도로 깡그리 지워진다. 우리는 타인은 타인일 뿐, 나의 거대한 투사를 원하지 않으며 거기에 맞춰줄 수도 없다는 사실을 깨닫게 된다. 그리하여 중년에 이르면 '당신은 내가 결혼한 그 사람이 아니야'라는 결론에 도달하는 것이다. 사실 한순간도 배우자가 다른 사람이었던 적은 없다. 배우자는 언제나 타인이었으며, 그전까지는 잘 몰랐다가 결혼생활을 하면서 조금 더 알게 된 낯선 이일 뿐이다. 아니마나 아니무스가 그 사람에게 투사된 탓에 우리는 말 그대로 자신이 잃어버렸던 부분과 사랑에 빠진 것이다. 서로 이어져 있다는 편안한 느낌이 매우 좋고 희망에 가득 차 있었기 때문에 이를 잃어버리면 큰 충격에 빠진다.[7]

친밀한 애정관계의 진실은, 내가 나와 맺는 관계보다 나을 것이 전혀 없다는 것이다. 스스로와 어떻게 연결되어 있는지에 따라 관계 대상인 타인을 선택하는 일은 물론 그 관계의 질 또한 달라진다. 사실 친밀한 애정관계는 이를 시작할 당시 우리가 어떤 상태였는지를 은연중에 드러낸다. 따라서 모든 애정관계는 우리 내면의 삶을 보여주며, 어떤 관계도 우리 자신의 의식과 맺는 관계(도표에서는 수직축)보다 나을 수는 없다.*

애정관계는 우리가 너무 많은 걸 원하지만 않으면 부담이 될 일도 없다. 하지만 내면아이의 기대를 이행하지 못하는 관계에서 우리는 과연 어떤 의미를 찾아야 할까? 융은 이럴 때 의미가 생긴다고 말했다.

> [의미는] 자신이 상징적인 삶을 살고 있으며, 그 신성한 드라마 속 배우라고 느낄 때 온다. 이것이 인간의 삶에 가져다주는 의미는 딱 한 가지, 다른 모든 것은 진부하며 버려도 된다는 사실이다. 경력이니 2세를 만드느니 하는 일은 삶이 의미 있다는 바로 그 사실에 비교하면 모두 허상의 산물

* 내가 강연에서 이렇게 이야기했을 때, 여러 사람이 내 논리에 동의하면서도 마법 같은 타인이 실은 존재하지 않는다는 함의에 심하게 위협을 느꼈다. 강연이 끝나자 한 여성이 내게 다가와 얼굴에 삿대질을 하며 이렇게 말했다. "그래요, 하지만 난 여전히 사랑에 빠져 있단 말이죠." 그 목소리는 마치 산타클로스를 잃어버린 어린아이의 화난 목소리 같았다.

일 뿐이다.[8]

　　그렇다면 이제 질문은 '마법처럼 우리를 구원해줄 타인'에서 '인생의 더 큰 의미를 찾는 데서 애정관계가 하는 역할'로 옮겨간다.

　　우리 문화의 특징인 친밀감 모델과 유년기에 갖는 희망은 분명 융합이나 연대감과 관련이 있다. 다른 사람으로 자신의 반쪽을 채워 완벽해질 수 있다는, 함께하면 온전한 하나가 될 것이라는 믿음 말이다. 세계의 거대함과 맞닥뜨린 개인은 완벽해지려면 혼자로는 부족하다고 생각해 자연스럽게 이런 희망을 품지만, 사실 서로의 발전을 저해하는 결과만 낳을 뿐이다. 일상에서 마찰을 빚어 희망과 그에 따르는 투사가 사라지면 우리는 의미를 상실한다. 정확하게는 우리가 타인에게 투사한 의미를 잃어버린다.

　　중년이 된 우리는 융합 모델을 다른 것으로 대체해야 한다. 융합 모델이 효과가 없기 때문이다. 각자가 자신의 정신적 안녕을 책임진다는 전제하에, 인생 후반기의 모델은 다음과 같다.

세숫대야같이 생긴 이 그릇은 성숙한 관계에서 나타나는 특징인 '제한 없는 자유로움'을 나타낸다. 두 사람은 각자 우선적으로 자신의 '개성화'를 추구한다. 관계를 통해 서로를 지지하고 격려하지만, 서로의 발달 또는 개성화에 필요한 과제를 대신해줄 수는 없다. (개성화의 중요성은 5장에서 논의할 것이다.) 이 모델은 상대가 자신을 구원해줄 것이라는 생각을 버려야 함을 의미한다. 그리고 양쪽이 개성화로의 초대를 받아들이는 것과 자신에게 더욱 충실해짐으로써 둘 간의 관계를 지속해나가는 것을 전제로 한다. 성숙한 애정관계는 융합 모델에서 한 걸음 더 나아가 관계 당사자 각자가 스스로를 책임지라고 요구한다. 그러지 않으면 결혼생활은 정체될 것이기 때문이다.

성숙한 애정관계를 향유하려면 '내가 가장 절실히 원하고 필요한 걸 아무도 내게 주지 않아. 나만이 할 수 있어. 그래도 나는 우리 관계를 축하할 수 있고, 우리 관계가 내어주는 것을 위해 투자하겠어'라고 말할 수 있어야 한다. 관계가 가장 흔하게 주는 것은 친밀한 교제, 상호 존중과 지지, 그리고 정반대의 변증법이다. 흔들리는 자기를 지탱하기 위해 애정관계를 이용하는 젊은이는 성숙한 관계에 필요한 용기와 수양을 얻을 기회를 갖지 못한다. 확실한 무언가를 원한다면 차이를 받아들여야 한다. 단순히 자기와 비슷해서 좋았다면 이제는 다름을 사랑하는 어려운 과제를 수행해야 한다.

투사와 숨어 있는 거대한 의제를 놓아 보내고 나면 배우자의 다른 점 덕분에 자신이 성장하는 것을 경험할 수 있다. 1 더하기 1은 이제 융합 모델에서처럼 '완전한 1'이 아니다. 자신과 배우자, 그리고 여기에 더해 둘 사이의 관계에서 생겨나 각자의 한계에서 벗어나도록 하는 또 하나의 요소가 합쳐져 셋이 되는 것이다. 게다가 투사를 그만두고 내면의 성장에 초점을 맞추면 스스로의 영혼이 얼마나 거대한지를 몸소 깨닫게 된다. 배우자는 내가 정신의 가능성을 넓히도록 도와주는 역할을 한다.

릴케는 애정관계를 "서로의 고독을 나누는 것"[9]이라고 묘사했다. 분명 진실에 가까운 말이다. 결국 우리 모두에게 남는 건 고독이기 때문이다. 배우자에게 씌운 투사는 오래가지 않지만, 투사가 떠나간 자리에서 더욱 풍성한 관계가 시작될지 모른다. 투사는 무의식적 행위이므로, 우리가 타인과 진정한 애정관계를 맺고 있다고 언제나 확신할 수는 없다. 그러나 자신에 대한 일차적 책임을 받아들인다면 의존 성향과 내면아이의 비현실적 기대를 타인에게 투사할 가능성은 현저히 낮아진다.

진정한 애정관계는 결국 삶의 여정을 다른 누군가와 함께 나누고 싶다는, 또한 대화·성·연민을 통해 삶의 수수께끼에 좀 더 가까이 다가가고 싶다는 의식적인 욕망에서 비롯한다. 니체는 결혼이란 "거대한 대화"[10]라고 말했다. 오래도록 진실한 대화를 나눌 준비가 되어 있지 않다면 누군가와 오랫동안 친근함을 나눌 준비 역시 되지 않은 것이다. 노년 부부 상당수가 이미 오래전에 대화가 단절된 이유는 개인으로 성장하기를 스스로 멈춰버렸기 때문이다. 개인의 성장에 초점을 맞춘다면 우리는 서로에게 흥미로운 대화 상대가 될 수 있다. 상대를 위해서라고 잘못 생각한 경우라 해도 우리가 배우자의 성장을 가로막는다면, 결과적으로 우리는 분노와 우울에 가득 찬 사람과 살게 되고 말 것이다. 마찬가지로 다른 사람이 자신의 성장을 막는 일도 용납해서는 안 된다. 결혼생활을 하면서 우리는 상대에게 항상 열려 있어야 한다. 그렇지 않다면 결혼의 존재 이유가 사라질 것이다. 자유롭고 변증법적인 성숙한 결혼생활을 영위하는 사람은 97쪽 도표에 등장하는 양방향 화살표, 즉 아니마와 아니무스 사이의 교류를 경험할 것이다. 이는 곧 영혼과 영혼의 만남을 의미한다.

그러므로 융에 따르면, 사랑이란 상징적 삶을 사는 하나의 방법이다. 이름과 본성을 가늠할 수는 없으나 그 존재 없이는 피상의 덫에 갇혀버리는 수수께끼와 조우하는 것이다. 중년이 되면 대부분의 결혼생활은 이미 파탄

나거나 문젯거리로 가득하다. 과거에는 투사를 포기한 개인이 그것을 대신할 무언가를 찾아야 한다는 종합적인 압박감에 시달렸다. 어떤 이는 바람을 피우고, 어떤 이는 약물에 중독되고, 또 다른 이는 일과 자식에 모든 것을 바쳤다. 편두통이나 우울증에 걸리는 이도 있었다. 긍정적인 선택지는 보통 손이 닿지 않는 곳에 있었다. 오늘날은 사정이 달라서 긍정적인 선택이 가능하다. 그 선택이 아무리 고통스러워도 배우자의 개성화에 아무 공헌을 하지 못하는 구조 안에 계속 머물러 있어야 하는 것만큼 나쁘진 않다. 선의와 자아의 의지에도 불구하고 진실은 밝혀지게 마련이다. 개인의 희망과 욕구를 담고 있는 결혼생활을 분석하려면 용기가 필요하지만, 용기만 있으면 치유는 물론 개인의 진실한 완전함을 복원하고 죽음 이후의 삶을 불러올 수 있다.

마법 같은 타인의 존재를 믿는 것은 잔인한 자기기만이다. 그런 사람을 찾았다면 투사의 결과일 뿐이라고 확신해도 된다. 어느 정도 시간이 지났는데도 여전히 그 사람의 보살핌을 받고 있다면, 의식적이든 무의식적이든 그 사람에 대한 의존성에 갇혀 있을 가능성이 매우 크다. 삶의 여정에서 배우자가 우리에게 주는 강력한 지지의 힘을 폄하하려는 게 아니다. 우리가 항상 자신에게 거대한 책임을 져야 한다는 사실에서 도망치려 한다는 점을 강조하는 것이다. 예전에 내가 알고 지낸 한 유능한 여성은 어느 날 아침 남편을 집에서 쫓아내고선 그날 오후에 재혼 상대를 데려왔다. 직장에서 일은 매우 잘했지만 홀로 지내는 삶과 고통스러운 내적 대화를 감당할 수 없었던 것이다.

내면으로 향할 용기가 있는 개인이라면, 자신의 성격에서 소홀했던 부분을 다시 펼칠 기회를 가질 수 있다. 내 삶의 의미를 구현할 의무를 배우자에게 강요하지 않는다면, 자신의 잠재력을 활성화할 기회를 새로이 얻을 수 있다.

최근에 나는 우리 모두가 유년기에 전해 받는 내면의 녹음테이프를 전통적 성 역할에 맞춰 틀어볼 기회가 있었다. 상담실에서 이혼 직전에 놓인 부부가 자신의 삶에서 벌어진 일에 관해 서로를 탓하기 시작한 것이다. 남편은 자신의 분야에서 앞서가고 가족을 부양하기 위해서 열심히 일했지만 자신의 삶이라곤 없었다고 분노했다. 분노는 자기 내면으로 향해 우울증으로 이어졌으며, 그 결과 결혼생활을 정리하든가 죽을 수밖에 없다고 생각하게 됐다. 반면 아내는 집안일을 하며 남편과 자식 뒷바라지를 하느라 정작 자신의 직업적 목표는 이루지 못했다고 대답했다. 아내 역시 우울증에 시달리고 있었던 것이다.

분명 두 사람 모두 피해자다. 사회로부터 전통적인

성 역할 테이프를 물려받아 자신의 부모들이 했던 것처럼 능력껏 최선을 다해 틀었을 뿐인데 지난 20년간 분노만 쌓이는 결과를 빚었다. 아내도 남편도 그들의 불행에 관해서 공범자였다. 그러나 결혼할 당시 20대 젊은이에 불과했을 이들에게 1차 성인기의 대본을 충실히 연기하는 것 외에 다른 무엇을 기대할 수 있었겠는가? 이들은 결혼제도에 충실히 따랐지만, 정작 제도는 이들을 받쳐주지 않았다. 이들이 결혼생활을 지속할지 여부는 개인적 성장에 서로가 얼마나 헌신했는지에 따라 갈리게 됐다.

확고부동한 정신의 진실은 이렇다. 변하지 않으면 분노로 시들고, 성장하지 않으면 안에서 썩어 죽어버린다. 다시 말하지만, 중년에 접어든 사람들이 겪는 결혼생활의 비극은 애정관계가 분노로 심하게 오염되어 재생 가능성에 치명적으로 손상을 입힐 때가 많다는 데 있다. 선의를 되살리고 배우자에게 씌운 부정적 투사를 걷어낼 수 있을지는 언제나 의심스럽다.

타인에 대한 의무와 스스로에 대한 의무 사이에서 균형을 잡는 일은 분명 어렵지만, 그래도 시도는 해봐야 한다. 새삼스러운 문제도 아니다. 헨리크 입센Henrik Ibsen(노르웨이의 희곡 작가 - 옮긴이)의 유명한 희곡《인형의 집A Doll's House》은 이 점에서 깜짝 놀랄 정도로 현대적이다. 주인공 노라가 남편과 자식을 떠나려 하자, 남편은 노라에게 교회, 남편, 자식에 대한 의무를 상기시킨다. 노라는 자신에 대한 의무도 있다고 대답하지만, 남편은 이를 이해하지 못한다. 우리가 다시 화해할 수 있을까, 하고 남편이 묻자 노라는 대답할 수 없다고 말한다. 자기 자신이 누구인지 모르며, 지금까지 단지 1차 성인기의 테이프를 틀고 있었을 뿐이었다고, 따라서 스스로 찾아내기로 한 인물이 누구인지 짐작할 수 없다고 깨달았기 때문이다. 한 세기 전 《인형의 집》이 유럽 각국의 수도에서 상연될 때면 폭동이 뒤따랐다. 이 연극에 함축된 결혼제도와 가족제도에 대한 위협이 너무 강렬했기 때문이다. 이는 지금까지도 마찬가지다. 떠나려 할 때 또는 자신을 옥죄는 상황을 바꿔보려고 할 때조차 우리는 여론, 부모의 역할, 죄책감 등의 장애물과 맞닥뜨려야 한다. 노라는 재산, 양육권, 경제권을 법적으로 박탈당하고 그 뒤에 응당 따라올 사회적 차별과 경제적 궁핍을 무릅쓰면서까지 가정의 억압에서 벗어나는 길을 선택한다. 그렇게 하지 않으면 죽을 것 같기 때문이다.

자신과 배우자가 결혼이 각자의 개성화를 위해 존재한다는 사실을 빨리 받아들일수록 결혼생활을 오래 지속할 가능성도 커진다. 내가 만난 부부들은 시간이 지나면 머릿속 스트레스와 마음속 공허함이 어찌어찌 사라질 것이라고 자연스레 믿는 경우가 많았다. 하지만 내가

"실제로 아무것도 변하지 않은 채로 10년이 지났다고 상상해보라"고 했을 때 부부들은 이대로는 안 되며 뭔가 변화가 있어야 한다고 더 분명하게 대답했다. 한쪽 배우자가 변화를 계속 거부한다면, 그는 분명 불안의 통제를 받고 있으며 1차 성인기의 투사에 덮여 있는 것이다. 이런 완강한 배우자는 앞으로도 계속 필요한 책임을 지려 하지 않을 것이다. 이런 사람은 다른 사람의 삶에 거부권을 행사할 자격이 없다. 타인의 성장을 방해할 권리는 그 누구에게도 없으며, 이는 명백히 영혼의 범죄다.

자신이 불행하다는 사실을 쌍방이 자각하고 서로에게 솔직하게 도움을 청한다면, 결혼생활을 새롭게 되살릴 가능성이 매우 높아진다. 이때 배우자는 구원의 사자도 적도 아니고, 그저 배우자일 뿐이다. 과거에 자신들을 힘 빠지게 했던 패턴뿐만 아니라 미래를 위한 희망과 계획까지 다뤄보는 동반 치료와 더불어 자신의 발전을 위해 각자가 개인 치료까지 받는 것이 이상적인 부부 치료 모델이다. 이런 형태의 치료를 통해 결혼생활은 개성화라는 목표를 담는 그릇 역할을 할 수 있을 것이다.

갈등이 아닌 협력이라는 태도를 이끌어내기 위해 나는 배우자와 동석한 자리에서 내담자에게 질문을 던질 때가 많다. 예를 들자면 "당신의 과거 이력이나 습관적인 행동에서 결혼생활을 해치거나 갈등에 빠뜨릴 수 있는 건 뭐가 있을까요?" 같은 질문이다. 불화를 해결해 줄 것이라 믿고 나를 찾아온 내담자는 이 질문을 받고 깜짝 놀란다. 그러나 내담자에게 자신의 내면을 돌이켜보고 결혼생활의 질을 높이기 위해 더 큰 책임을 질 수 있게 하려면 이 질문을 꼭 던져야 한다. 또 한 가지 유용한 질문은 "자신을 위해 어떤 꿈을 가져봤으며, 어떤 두려움이 그 꿈을 막았습니까?"다. 이런 어려움과 실망에 관해 들은 배우자는 종종 측은함과 동시에 도와주고자 하는 욕구를 느낀다. 진정한 친밀감은 실패감·두려움·희망을 공유하는 일이겠으나, 아무리 오래 결혼생활을 해도 실제로 이를 공유하는 부부는 거의 없다. 섹스나 자녀가 둘 사이의 가교 역할을 할 수도 있지만, 서로의 마음속을 이해하는 것이야말로 부부 사이를 진실로 공고하게 해준다.

다른 사람의 입장을 이해하는 공감 능력을 발전시키지 않는다면, 나와 다른 배우자의 모습을 사랑할 수 없을 것이다. 타인의 경험을 뚜렷하게 상상할 수 있는, 그리하여 그 사람의 존재 자체를 긍정해줄 수 있는 능력이 진정 사랑일지도 모른다. 진실한 대화는 이러한 상상을 도와주며, 또한 자기애적 선입관이 잘못된 영향을 끼치지 않도록 하는 해독제 역할을 한다. 개인의 성장이 실은 자기애적인 문제가 아닌가 하는 질문을 받은 적이 있다.

그렇지 않다. 개인이 자신의 잠재력을 실현하고 타인에 게도 똑같은 권리가 있다는 것을 인정할 각오가 되어 있는 한에는 말이다. 여기에는 힘이 두 배로 든다. 자신을 책임지는 능력과 더불어 자신의 상상력으로 타인의 현실을 확인하는 용기가 필요하기 때문이다. 현재 서구문화에서는 이 중 어느 쪽에서도 효과적인 모범적 기준을 만들지 못했으니 결국 스스로 찾아내는 수밖에 없다. 그렇지 않다면 결혼에 여러 번 실패하는 안타까운 상황을 맞이할지도 모른다. 우리는 결혼생활이 불행하다는 이유로 배우자를 원망하면서도 은연중에 자신도 공범이 아닌지 의심한다. 결혼생활을 혼란스럽게 하는 씁쓸함이다.

《다른 목소리로In a Different Voice》를 저술한 캐럴 길리건Carol Gilligan(미국 심리학자, 여성학자 - 옮긴이)을 비롯해 많은 이들이, 애정관계에서 짊어져야 할 요구가 너무 크기 때문에 여성이 남성보다 자신의 개성화 욕구를 지지하는 데 더 큰 어려움이 있다고 지적했다. 여성의 의식이 갖는 가장 큰 특징은 '확산diffuse'으로, 이는 여성이 자신의 환경과 자신에게 주어진 요구를 매우 잘 인식한다는 뜻이다. 길리건은 자신의 세미나에 참석한 여성들이 젊은 스티븐 디댈러스의 입장에 동의했다고 말했다. 디댈러스는 제임스 조이스James Joyce(아일랜드 소설가 - 옮긴이)의 자전적 소설《젊은 예술가의 초상Portrait of the Artist as a Young Man》에 등장하는 인물이다. 그는 자신이 원하는 걸 해주지 못하는 가족, 종교, 국가에 자신이 봉사해야 할 이유가 없다고 말하면서 모두에게서 떠나버린다(실제로 제임스 조이스는 이와 똑같이 했다). 그러나 이와 동시에 여성들은 메리 매카시Mary McCarthy(20세기 미국 소설가, 정치 운동가 – 옮긴이)가 자신의 소설 《가톨릭 소녀의 고백Confessions of a Catholic Girlhood》에서 언급한 딜레마, 즉 미지의 세계로 도약하고 싶은데 의무와 죄책감에 발이 묶여 움직이지 못하는 상황에도 공감했다. 부모 세대에 비해 지금은 자신의 길을 스스로 선택하도록 허락받는 일이 조금은 수월해졌지만, 아직도 많은 여성들이 타인이 자신을 이런저런 이유로 구속하고 있다고 느끼고 있다. 따라서 있는 그대로의 자신이 될 수 있는 권리를 되찾으려면 남성보다 더 큰 도전이 필요하다고 할 수 있다. 《인형의 집》의 노라처럼 타인의 요구와 스스로를 위한 의무 사이에서 균형을 맞출 필요가 있다. 순교자인 체하는 사람은 결국에는 좋은 어머니도 좋은 배우자도 되지 못한다. 본받을 만한 여성으로 살았더라도 외부의 요구에만 순응한 대가를 자기 자신과 타인 모두가 치르게 될 것이다.

유년기의 애착 욕구는 자연스럽고 일반적이라고까지 말할 수 있을 정도로 성인이 되어서도 아주 강하게 남아 있다. 그러나 자기의 가치와 안전을 위한 주요 수단인 애착 욕구가 자신이 아닌 타인을 향하고 있다면, 성숙함이 부족한 것이다. '애착 갈망attachment hunger'이라는 말은 타인을 향한 자연스러운 욕구를 감당할 수 없게 된 상태를 가리킨다.[11] 이 과정에서 놓치는 부분은 바로 우리 자신이 항상 스스로의 동반자가 될 준비가 되어 있거나 적어도 그럴 가능성이 있다는 사실이다.

많은 남성이 겪는 커다란 문제는 마음이 굳어버렸다는 점이다.[12] 감정과 본능적 지혜를 회피하고 내면의 진실을 무시하도록 길들여진 보통의 남성은 자신뿐 아니라 타인에게도 낯선 사람이며, 돈·권력·지위의 노예다. 필립 라킨Philip Larkin(20세기 영국 시인 – 옮긴이)은 보통의 남성을 다음과 같은 인상적인 문장으로 묘사했다.

첫 심장발작이 마치 크리스마스처럼 닥쳐오는 사람들, 의무와 책임을 따르는 일에 무력하게 짓눌리고 표류하며 한때는 삶을 달콤하게 해주었던 모든 것에게 버림받은 채 나이 듦과 무능력의 어두워져가는 거리로 내몰리는 사람들.

현재 서구문화에는 남성이 스스로에게 솔직해지도록 이끌거나 허락하는 모범적 방식을 거의 찾아볼 수 없다. 남성에게 지금 기분이 어떠한가를 물어보면, 그는 자신이 어떻게 생각하는지 또는 자기 '외부'에 무슨 문제가 있는지 등을 답하기 일쑤다. TV 스포츠 중계 때마다 나오는 맥주 광고에 숨겨진 암묵적이면서도 교묘한 메시지를 생각해보자. 즐거워 보이는 야성미 넘치는 남성 무리가 거대한 말뚝을 땅에 세우고 톱질로 통나무를 자르고 지게차를 몬다(절대 컴퓨터 앞에 앉아 있거나 아이를 안고 있지 않는다). 그러다 휘슬이 울리면 "밀러를 즐길 시간이다!It's Miller time!(미국의 대표적 맥주 브랜드 밀러의 광고 캠페인 문구 – 옮긴이)" 광고 속 남성들은 근처 술집으로 힘찬 발걸음을 내디딘다. 거기서는 친숙한 동료애라는 이름으로 서로의 몸에 접촉할 수 있다. 전형적인 금발의 남성들이 거품 가득한 맥주잔을 부딪치는데, 이는 자신들은 동성애자가 아니며 단지 즐거움이나 분노 등의 감정에 도취되려는 아니마를 상징할 뿐이라는 메시지를 전한다. 술은 자신 안에 자리잡은 여성적 측면에 맞선 방어적 구속을 누그러뜨림으로써, 의식적으로는 받아들이지 못하는 면을 활성화해준다.

　남성이 자신 안의 여성적 영혼과 어떤 관계도 맺고 있지 않는데 어떻게 여성이 남성과 좋은 관계를 맺으리라 기대할 수 있겠는가? 여성은 그 내면 연결 역할을 할 수 없다. 단지 남성이 투사하는 모습을 받아들이고 그중 일부만 만족시킬 수 있을 뿐이다. 고대 이집트의 이야기 〈영혼을 찾다가 세상에 지친 남자〉가 지금까지 전해져오는 걸 보면, 이것이 어제오늘의 문제가 아니라는 사실을 알 수 있다. 차이가 있다면 경제적 동물이자 전사라는 전통적 역할을 강요하는 거대한 압박에 맞서, 남성들이 자신 안의 진정한 모습을 탐색하도록 독려하는 움직임이 점점 커지고 있다는 것이다.

로버트 홉키Robert Hopcke(미국의 정신분석가 ─ 옮긴이)의 저서 《남성의 꿈, 남성의 치유Men's Dreams, Men's Healing》에 따르면 남성이 치료 세션에서 자신을 내재화하고 실재 감정을 직면하는 데 약 1년이 걸린다고 한다. 여성들이 치료를 시작할 시점까지 오는 데만도 남성은 1년이나 걸리는 것이다.[13] 홉키의 말은 불행히도 사실일 텐데, 과연 얼마나 많은 남성이 단지 치료를 시작하기 위해 1년씩이나 투자하겠는가? 다행히 그러는 사람도 있지만, 여전히 대다수는 길을 잃고 표류한다. 남성들 역시 가부장제의 희생자일 뿐이다. 권력이 있느냐 없느냐만이 자신의 남성성을 보여주는 표시라고 보기 때문이다.* 따

---

* 유진 모닉(Eugene Monick)이 자신의 저서 《남근: 남성성의 신성한 이미지(Phallos: Sacred Image of the Masculine)》와 《거세와 남성의 분노: 남근 숭배의 상처(Castration and Male Rage: The Phallic Wound)》에서 지적한 바에 따르면, 권력·위계적 사고·공격성을 강조하는 가부장제는 내

라서 중간항로를 지나는 남성은 또다시 아이처럼 권력이 은폐하는 공포에 직면하여 해묵은 질문을 던져야 한다. 질문은 간단하다. '내가 원하는 건 뭐지?' '내 기분은 지금 어떻지?' '기분이 좋아지려면 나 자신에게 어떻게 해야 할까?' 현대 남성 중 이런 질문을 자신에게 던질 사치를 누릴 수 있는 이는 거의 없다. 무거운 발걸음으로 출근해서는 은퇴 후 멋진 곳에서 골프나 칠 수 있기를, 심장마비가 찾아오기 전에 그럴 수 있기를 꿈꿀 뿐이다. 겸손하게 질문을 던지고 마음이 답하도록 허락하라. 그러지 않으면 어떤 기회도 찾아오지 않을 것이며, 자신에게도 다른 사람에게도 형편없는 동반자가 될 것이다.

대부분의 여성 역시 그럴 힘이 없다. 원래 자신이 지녔던 힘을 내면의 부정적 목소리가 모두 갉아먹었기 때문이다. 부정적인 아니무스가 목덜미를 쥐고는 음침한 목소리로 속삭인다. "넌 못해." 아니무스는 무엇보다 여성의 창조적 능력과 스스로의 삶을 살고 스스로의 욕구를 달성할 자율권을 상징하며, 어머니의 역할 속 그림자에, 아버지의 격려(또는 방해) 속에, 그리고 사회가 주는

면 깊은 곳의 남성적 감수성이 자신을 만드는 기초라고 생각하지 못하는 이들의 도피처다. 따라서 스스로 상처받은 이들은 여성과 다른 남성들까지도 상처 입힌다.

숨 막히는 역할 아래 숨어 있다. 여성은 전통적으로 남편과 자식의 업적을 통해 성취감을 느껴야 한다는 말을 들어왔다. 이에 관해 내가 읽어본 가장 슬픈 이야기는 캔터베리 대주교(영국 국교회의 최고 지도자—옮긴이) 에드워드 벤슨Edward Benson의 부인이자 뼛속까지 빅토리아 시대의 여성인 메리 벤슨Mary Benson의 일기다. 이 글은 결혼과 교회라는 두 제도가 한 여성을 어떻게 정의하고 재단하는지를 보여주었다. 에드워드가 세상을 떠난 후, 메리는 다음과 같이 자신과의 약속을 한다.

내 생애 전부가…… 분명하고 끊임없는 요구에서 파생되었다는 마음속 끔찍한 기분…… 그 속에는 아무것도 없다. 어떤 권력도, 사랑도, 욕구도, 새로운 계획도 없다. 남편이 모든 걸 소유했고, 남편의 삶이 내 삶을 완전히 지배했다. 아, 하나님, 제게 인격을 허하소서……. 새로운 방향을…… 내 모습을 찾는 일과 이를 어떻게 연결해야 할까? 너무 오래 피상적인 삶을 산 느낌이다. 의도하지 않았고 딱히 잘못한 것도 아닌 그런 삶을 살았다. 하지만 에드워드같이 지배욕 강한 사람과 살면서…… 그 역할에 따라오는 막대한 요구들에 맞추면서 내가 어떻게 나 자신을 찾을 수 있었겠는가?

그저 대답만 하는 하인 같은 존재였을 뿐 중심은 없었다. 하지만 반드시 중심이 있어야 한다.[14]

당신도 내면을 들여다보고 전율해보라. 메리와 같은 삶을 살아오진 않았나? 메리의 일기가 슬픈 만큼, 주어진 구속이 너무 버거웠다고 메리를 용서할 수 있는 만큼, 우리는 결국 메리 자신에게도 책임이 있음을 인정해야 한다. 인격은 신이 내려주는 게 아니라 우울과 쇠락을 낳는 의심과 부정이라는 악마와 매일매일 투쟁해서 얻는 것이다.

현대 여성은 성 역할로 고통받기보다는 일과 가정 사이의 균형을 맞추기 위해 용감하게 싸우는 편을 택한다. 과거의 꿈에는 거의 연연하지 않는다. 중년의 여성이라면, 아이들은 이미 자신의 삶을 살고 있으며 남편은 일에 묶여 있거나 자신의 아니마가 투사된 다른 여성과 바람을 피우고 있는 경우가 흔하다. 배신당하고 버림받았다고 충분히 느낄 상황이라고 말할 수 있겠지만, 의식적으로 이런 상황을 예측하고 준비했다면 오히려 새롭게 찾아온 자유를 환영할지도 모를 일이다.

내 지인 하나는 대학 입학 후 집을 떠나는 딸에게 이렇게 말했다. "이혼율이라든가 여성보다 짧은 남성의 기대수명을 고려해보면, 부양해야 할 자식이 있든 없든 재정적 여력 없이 혼자 살게 될 확률이 80퍼센트는 되겠구나. 그러니 얘야, 독립을 가능케 하는 직업과 배우자에게 의존하지 않아도 될 정도로 충분한 자존감을 갖는 게 좋겠구나." 이 말에는 낙관적인 전망도, 안정된 생활을 위한 결혼을 폄하할 목적도 없다. 딸이 어머니에게서 물려받았을 독립심을 새삼 고취시킬 목적도 아니다. 당연히 즐겨 할 말일 리도 없다. 하지만 순수한 진실이라는 사실만으로 충분히 가치를 지닌다.

여성이 중년에 와서 버림받은 기분을 느끼면 자신의 내면아이가 재빨리 그 모습을 표면에 드러낸다. 이는 트라우마가 되는 경험이다. 이런 사람이 심리치료를 받으면 최초 1년은 슬픔과 분노를 표출하는 데 쓸 것이다. 불신감을 극복하고 자신이 우주와 맺었다고 생각한 계약이 백지가 되어버린 상황을 받아들이기 위해서다. 그 뒤로 1년은 새로운 삶을 위해 에너지를 그러모으는 시간이다. 경제적 자립을 위해 필요한 직무기술이나 교육수준을 지니지 못했다면 이를 갖추는 데 필요한 일을 하게 될 것이다. 종합적으로 볼 때 이 여성은 다른 사람들이 자신을 이용했다고 느끼기에 충분하다. 하지만 치료를 받는 동안 이 여성은 자신 역시 그렇게 되도록 무의식적으로 결탁했음을 인정할지 모른다.

중간항로에 들어선 많은 여성에게 지금은 자신과

만나기로 한 약속을 지켜야 할 때다. 오래전부터 초대는 받았지만 정작 가보지 못한 그 약속 말이다. 키워준 부모가 만들어준 외피가 떨어져내리고 나면 여성은 자신이 누구인지, 인생에서 무엇을 하고 싶은지 새로이 자문해야 한다. 이런 질문에 답할 수 있으려면 자신을 가로막는 복잡한 내면의 힘, 다시 말해 부모와 문화로부터 얻은 각종 콤플렉스를 더 자세히 인식해야 한다.[15] 아니무스가 지닌 부정적 에너지는 의지력, 자신감, 믿음을 좀먹는다. 아니무스는 자율권, 원하는 걸 얻기 위해 싸움에 뛰어드는 능력, 삶의 동력에 대한 자기주장 같은 긍정적 에너지도 있다. 그러나 이런 긍정적인 에너지를 아니무스가 알아서 전해주지는 않는다. 쟁취해야 한다. 애정관계를 여전히 중요하게 생각하지만 그에 좌우되거나 종속되지 않겠다는 식으로 자신을 새롭게 정의하는 용기를 얻는 일이야말로 중년에 들어선 여성이 해결해야 하는 과제다.

중년의 바람기는 왜 문제인가

복수심이 내면의 힘을 부추겨 우리를 지배하는 일도 가끔 생긴다. 기혼자 중 절반 이상이 혼외관계 문제를 겪었다고 보고했으며, 남성의 비율이 여성보다 약간 높았다.

상상해보건대 그들 중 누구도 아침에 일어나서 이렇게 말하지 않았을 것이다. "오늘 나는 인생을 송두리째 망가뜨릴 거야. 배우자와 자식에게 상처를 주고 지금까지 쌓아온 모든 걸 잃어버릴 위험을 감수하고서라도." 하지만 실제로 이런 일이 벌어진다.

배우자 아닌 다른 사람과 관계를 갖는 일이 실제로 어떤 이점이 있든 간에, 그 대상은 분명 투사된 이미지를 지닌 사람이다. 결혼이 내면아이에게 필요한 것을 가장 많이 지니고 있는 것처럼, 배우자가 완벽한 소울메이트가 아니라 나와 다른 평범한 사람임을 알게 되면 새로운 아니마/아니무스 투사는 바람피우는 행위로 가장 극명하게 나타난다. 이 책을 쓰는 동안 한 유명 여배우가 여덟 번째인가 아홉 번째 결혼을 발표했다. 행운을 빌지만, 이 배우는 늦은 나이에도 여전히 투사를 행하고 있는 것이다. 그녀가 이번에 선택한 남편감은 자기보다 스무 살 어린 젊고 섹시한 남성이다. 그리고 내가 아는 48세 기혼 남성은 21세 여성과 한창 사랑에 빠져 있다. 내 눈에는 나이아가라 폭포로 떨어질 뗏목처럼 보이지만, 내가 무슨 말을 해도 그는 멈추지 않을 것이다. 나는 그가 사귀는 여성을 만나본 적도 없고, 그의 부인이 얼마나 짜증스러운 사람인지도 당연히 모른다. 바람을 피우면서 그 사람의 인생이 얼마나 새로워지는 느낌일지도 물론 알 수 없다. 무의식의 힘은 논리나 전통, 미합중국 헌법보다도 자기를 더 존중해주기를 요구한다.

프로이트는 자신의 환자에게 정신분석 기간 중에는 결혼, 이혼, 직업상의 중요한 결정을 하지 말 것을 요구했다. 이론상으로야 맞는 말이겠지만, 인생이란 쉴 새 없이 흘러가고 감정은 생겨나게 마련이며 결정은 해야 한다. 실재 세상에서 해야 하는 일은 계속 생길 수밖에 없다. 투사로 해결할 수 있는 일이 무엇이든 간에, 어떤 일로 궁지에 몰리든 간에, 삶은 계속되며 선택은 해야 한다. 부부 상담을 할 때 불륜 문제가 없으면 안심이 된다. 당사자들이 결혼생활을 신실하게 계속할 수 있는 기회가 있기 때문이다. 결혼이 실패로 돌아간다면 이를 직접 인정하되, 그 원인이 외도로 나타난 투사 때문이었을 가능성을 회피하거나 외면하지는 말자. 내담자가 실제로 바람을 피우고 있다면 나는 상담기간을 더 늘려 자신의 결혼생활을 현실적으로 바라볼 것을 권유한다. 이런 전략이 효과가 있을 때도 있다. 이때 남편이나 아내는 자신의 결혼생활을 얽매임 없이 분석할 수 있다. 그러나 대부분의 경우 소용이 없다. 무의식의 내용물에 사로잡힌 개인은 현실적이 될 수 없기 때문이다.

중년의 바람기가 강력한 힘을 갖는 이유는 개인이 마치 자석에 달라붙듯 1차 성인기로 끌려 되돌아가기 때문이다. 남편이 젊고 예쁜 여자랑 바람이 났다는 여성들의 탄식을 자주 들었지만, 아내가 나이 먹은 남성이랑 바람피우는 모습도 그만큼 많이 봤다. 이는 무슨 뜻일까? 아니마를 부적절하게 형성한 남성은 그와 비슷한 수준의 여성에게 끌린다는 의미다. 마찬가지로 아니무스를 부적절하게 형성한 여성은 세속적 힘을 가진 나이 많은 남성에게 매력을 느낀다. 남성이든 여성이든 통과의례가 부족하다는 사실로 미루어보면 조언자를 찾는 사람이 많다는 게 놀라운 일은 아니다. 심지어 애인에게 그 역할을 해주길 바란다. 남성이 젊은 여성을 원하는 것은 자신의 미성숙한 아니마를 반영하며, 여성이 지위나 나이가 있는 남성에게 끌리는 것은 자신의 불충분한 아니무스 발달을 보상하기 위해서다. 그러니 관계가 얼마나 아름답고 빛나 보이겠는가. 자신에게 한때 충만했으나 잃어버린 영혼을 보듬어주니 말이다. 그러나 바람을 피우면 더 큰 슬픔과 상실이 따라오는 경우가 많다. 노련한 심리치료사 메이 롬Mae Rohm의 말을 빌리면 "다른 사람과 잔다고 엿 같은 일상이 메워지진 않는다".[16] 그러나 바람을 피우는 사람에게, 그리고 배우자가 바람을 피워 상처받은 사람에게 이런 말을 한들 무슨 소용이 있겠는가.

1차 성인기에서의 결혼이 혼란스러울 수 있음을 설명했으니, 당신은 이제 애정관계가 얼마나 복잡한지 충분히 알 것이다. 어떤 관계든 사실 지속하는 것만도 놀라운 일이다. 무의식의 힘·각종 투사·부모 콤플렉스 등이 얼마나 강력한지를 생각하면, 어느 누가 어떻게 타인과 순수하게 연결될 수 있겠는가? 역사를 보면 사람들은 꽤 잘해왔다고 말하고 싶을지 모른다. 하지만 실제 과거와 우리 스스로의 경험을 되짚어보면 그렇지 않다는 사실을 인정할 수밖에 없다. 애정관계는 언제나 거대한 혼돈과 상처의 아수라장이었다. 결혼의 혼돈 모델이 주장하듯 인간은 다른 반쪽을 찾는 절반이 아니라 여러 가지 면을 지닌 다면체로 생각하는 게 맞지 않나 싶다. 아무리 완벽한 상대와 함께한다 해도 이 세계에서는 다면체 두 개의 모든 면을 한 번에 볼 수 없다. 기껏해야 몇 개만 볼 수 있다. 내가 지금 여러 사람과의 만남을 옹호하는 것일까? 그렇다! 하지만 이는 나쁜 주장이다. 나는 이른바 '개방 결혼' 사례를 몇 개 알고 있는데 모두 실패로 끝났다. 그중 일부는 매우 의식이 강한 사람들이었는데도 말이다. 성적으로 개방된 결혼이 실패하는 이유 중 하나는 이를 옹호하는 주장이 아무리 논리적이라 해도 감정을 배제할 수는 없다는 데 있다. 아무리 이성적이고 논리적인 결혼 계약이 성립하더라도 질투, 갈망, 그리고 자신의 상황을 파악하고자 하는 욕구는 존재하게 마련이다. 따라서 인간을 다면체에 비유하는 게 의미 있다고 해도, 그 여러 면 중 한 사람과 연결시킬 수 있는 것은 일부일 뿐이다. 다면체 비유가 여러 명과 우정을 맺는 일을 상징할 수도 있겠지만, 이 역시 성적 영역을 넘어가지 않는 선에서만 가능하다.

성격의 다면성을 인정하는 능력은 배우자에게는 위협이 될지 모르나 개인을 해방시키는 역할을 하며, 또한 발전하는 쪽을 선택하는 능력을 의미할 수 있다. 1차 성인기를 보내는 개인에게 타자란 자신을 지지해주는 주요 원천이므로 다면체 모델은 위협이 된다. 내면아이가 지닌 다양한 욕구를 생각해보면 해결책이 외부에 있는 건 당연하다. '저기 어딘가에 나를 치유하고 회복시켜줄 누군가가 있을 거야.' 그러나 바람을 피우는 동안 흥분과 고갈을 거쳐 결국 우울증으로 고통받는 상황에 이른다면, 이제 자신이 저지른 행동에 무슨 의미가 있는지 의문을 던질 준비를 마친 것이다. 바람피워본 사람이 그렇게나 많다는 것은 그런 행동양식에 중대한 의미가 있다는 뜻이다. 나는 그 의미가 정서적으로 널리 퍼져 있으면서도 개념적으로는 매우 구체적인 것이라 생각한다.

중년의 바람기가 의미하는 것은 삶을 되짚어가서 발달 과정에서 놓고 온 무언가를 다시 붙잡아야 한다는 명령이다. 발달 과정에서 놓친 것들은 의식 저 아래에서 마음을 뒤흔들기 때문에 아직 찾아낼 수 없다. 무의식 상태로 남아 있는 부분은 무의식의 불가사의한 스캔 과정을 거쳐 자신의 미발달 영역과 딱 들어맞는 타인에게 투사된다. 이 과정에서 찾고자 하는 것은 '완벽한 전체'다. 완전한 것을 찾는 일이 뭐가 그리 놀랍냐고? 하지만 사랑에 빠진 사람에게 이 모든 걸 설명한다고 생각해보라! 미지의 영역이 남아 있는 한, 바람기 역시 여전히 존재할 것이다. 그렇다, 정말로 바람피우는 상대가 대단히 멋진 사람이며 진정한 소울메이트일지도 모른다. 어느 정도 그런 모습을 갖추지 않았다면 처음부터 투사의 대상이 되지도 않았을 것이다. 매우 운이 좋게도 이 새로운 관계가 지속된다면 1차 성인기에 잃어버린 무언가를 되찾을지도 모른다. 아니면 더 큰 실망이 기다리고 있을 수도 있지만.

이 모두를 통틀어 가장 힘든 일은, 자신이 애정관계의 맥락에서 헤어짐을 받아들이고 확인하는 법을 배우는 것일지도 모르겠다. 이를 이야기하는 단계에서 되풀이되는 주제는 '자신의 행복을 책임지는 동시에 타인 역시 배려해야 한다는 필요성'이다. 아무리 독립적인 사람이라도 분명 애착을 지속하고 싶어한다. 결혼으로는 충족할 수 없는 욕구를 다른 사람으로 채울 수 있다고 기대하는 것처럼, 결혼생활에는 충족되지 않은 욕구에서 비롯된 후회와 분노가 짐이 된다. 세상에서 가장 쉬운 게 남을 탓하는 일이다. 왜 불륜을 '당신한테는 얘기할 수 있지만 내 아내(남편)한테는 못하겠어'라는 말로 정당화하는 걸까?

현실에서 우리는 비교적 낯선 사람보다는 배우자와 더 많은 이야기를 할 것이다. 결혼생활에서의 대화가 억압·반복·실망으로 뒤덮여버린 이유는 배우자의 평범한 모습에서 신비한 타자를 발견할 수 있다는 기대를 접어버렸기 때문이다. 게다가 바람피우는 상대는 신비한 타자로, 의심의 여지 없이 매력적이며 자신의 다면체적 자기에서 덜 발달된 부분이 투사한 이미지를 담고 있다. 자신의 영혼이 반영된 신비로운 만남과 견줄 때 결혼생활이 이길 확률은 거의 없다. 따라서 바람피우던 사람이 이를 스스로 끝낸 뒤 자신이 잃어버린 부분을 되찾는 것과 결혼생활 안에서 시도해보지 않은 대화를 되살려 원래의 동반자로 돌아오는 데에는 대단한 의지력이 필요하다.

부부가 감정, 열망, 지나간 상처를 진정으로 공유하는 모습을 나는 주로 치료 과정 또는 이혼 법정에서 목격한다. 결혼생활이 실패해서가 아니다. 그런 일을 아예 시도해볼 생각조차 하지 않은 것이다. 니체가 주장한 대로 결혼이 거대한 대화라면, 대부분의 실제 결혼은 낙제점을 받을 수밖에 없다. 자신의 모습으로 사는 게 어떤지, 그리고 그 삶이 타인에게는 어떻게 보이는지를 진실로 공유하는 일은 쉽게 일어나지 않는다. 두 사람이 함께 살면서 아이를 낳아 가족을 만들 수는 있어도 배우자의 신비함을 이해하려고는 하지 않기 때문이다. 그 결과는 때로 감당하기 힘들 만큼 슬프다.

결혼생활 역시 중간항로라는 격랑에 들어서면 해체하고 재구성할 수 있다. 그러나 이를 위해 두 사람은 서로가 완벽하게 독립적인 상태로 결혼생활에 관해 대화할 각오를 해야 한다. 이는 매우 부담스러운 조건이다. 결혼생활을 함께하기 위해서 우선 더 큰 이별을 겪어야 한다니, 얼마나 역설적인가. 결혼 치료의 목적은 갈등을 해결하고 결혼생활 전략에서 부족한 점을 인식하고 고치는 한편, 더 큰 성장을 위한 계획을 수립하는 것이다. 이는 분명 중요한 일이며 결혼생활을 개선하는 데 도움이 된다. 하지만 당사자가 먼저 스스로 바뀌지 않으면 진정한 변화는 일어나지 않는다. 결혼관계를 전환시키려면 우선 각자가 완전히 독립적인 개인이 되어야 한다. 결혼한 당사자의 수준이 결혼생활의 수준을 결정한다.

중년의 결혼생활을 변화시키려면 세 단계를 거쳐야 한다.

1) 부부는 자신의 심리적 행복을 스스로 책임져야 한다는 사실을 인식한다.

2) 부부는 각자의 경험을 적극적으로 공유해야 하며, 과거의 상처나 미래의 기대를 이유로 상대를 비난해서는 안 된다. 마찬가지로 타자로서 적극적인 자세로 서로의 경험에 귀 기울여야 한다.

3) 이러한 대화를 적극적·지속적으로 해야 한다.

이 세 단계를 밟는 데에는 큰 노력이 필요하다. 그러나 실행하지 않으면 결혼생활은 완전히 생기를 잃거나 파탄나고 만다. 서로에 대한 헌신을 오래 지속하기 위해 이런 급진적 대화는 반드시 필요하다. 결혼식을 치르든 치르지 않든 급진적 대화 없이 진정한 결혼을 이루기란 거의 불가능하다. 자신의 진정한 모습과 상대의 진정한 모습을 온전히 공유하는 대화를 통해서만 친밀한 애정관계를 이룰 수 있다. 그리고 급진적 대화에 몰입하기 위해서는 자신의 행복은 자신이 책임진다는 사실을 받아들이고 인식하며, '배우자가 아닌 완전한 타자'와 맞닥뜨리는 일을 감당할 수 있는 유연한 힘을 길러야 한다.

나와는 다른 배우자의 모습을 사랑하는 것은 초월적인 일이다. 자신을 제3자의 위치에 놓고 애정관계의 진정한 수수께끼 속으로 들어가기 때문이다. 단순히 '당신과 나'가 아니라 '두 사람 이상의 무엇을 낳는 우리'가 되는 것이다.

부모 콤플렉스를 넘어서

앞서 말했듯 중간항로의 특징 중 하나는 부모와의 관계에 변화가 생긴다는 것이다. 권력이라는 새로운 맥락에서 부모를 대할 뿐만 아니라, 부모가 노쇠해지는 모습을 지켜보기 때문이다. 하지만 그보다 더 중요한 사실이 있으니, 이 시기에 우리는 '독립하는' 법을 배운다. 중년에서 가장 중요한 일이 아마도 부모 콤플렉스에서 자신을 떼어놓는 일이 아닐까 싶다. 앞서 언급한 잘못된 자아, 그리고 1차 성인기에 획득한 잠정 정체성을 지금껏 지탱하는 데 부모 콤플렉스가 강력한 영향력을 행사했기 때문이다. 1차 성인기의 잠정 인격이 '스스로 생성한' 것이 아니라 '외부 요소에 대한 반응'에 지나지 않음을 깨닫기 전까지 우리는 진정 독립된 인격체라고 할 수 없다.

　유년기 경험이 순탄했든 괴로웠든, 아이가 지각하는 세계의 권력이란 자기 밖의 '어른'에게서 온 것이다. 나는 어렸을 때 아버지가 손에 박힌 낚싯바늘을 울지도 않고, 심지어 얼굴을 찡그리지도 않고 빼내는 걸 보고 깊이 감동받은 적이 있다. 그래서 어른들은 원래 아이보다 고통을 덜 느끼거나, 아마도 아픔을 다루는 방법을 알고 있을 거라고 생각했다. 아픔이 무서웠던 나는 아버지가 그 놀라운 기술을 내게도 가르쳐줬으면 했다. 사춘기 때도 마찬가지였다. 사춘기가 뭔지 전혀 몰랐고, 8학년(우리나라의 중학교 2, 3학년 – 옮긴이)이 지나면 갑자기 몸이 자라고 고등학교에 들어가 세상에 대해 더 많은 지식을 배울 거라고 생각했다. 이런 수수께끼 같은 변화가 어떻게 일어나는지는 알 수 없었지만, '어른들이' 사춘기에 다다른 소년들을 따로 모아서 어른이 되는 법을 알려줄 거라고 생각했다. 옛 조상에게는 있었지만 우리 시대에는 더 이상 존재하지 않는 '성인이 되는 통과의례'라는 문제에 맞닥뜨린 것이었다. 이 글을 읽는 사람이라면 어른의 세계로 옮겨가는 단계에서 내가 느낀 실망감에 공감할 것이라 믿는다. 얼굴에는 여드름이 돋고 성적인 혼란은 늘어만 가는데, 그 어떤 길잡이도 찾을 수 없고 '어른들'마저 어떤 마술 같은 해결책을 제시해주지 못한다는 사실을 점차 깨닫는 것 말이다.

따라서 1차 성인기는 우리가 내면과 외부세계를 진정으로 이해해서가 아니라, 부모와 사회제도가 정해준 모델과 지침에 의존하면서도 혼란을 느낌으로써 찾아온다. 데이비드 웨이고너David Wagoner(20세기 미국 시인 – 옮긴이)가 〈한 얼굴의 영웅The Hero with One Face〉에서 읊은 것처럼 말이다.

나는 시키는 대로 선택했네

내가 어떤 사람인지 그들이 친절하게 알려주었으
니(…)

기다리며 궁금해했네, 무엇을 배워야 할지

오, 태어나면서부터 두 번 눈먼 채로[17]

부모 콤플렉스에는 중년에 들어선 우리가 거쳐가야
할 몇 가지 측면이 있다. 가장 본능적인 수준에서 보면,
부모와 관련한 경험은 우리에게 삶이 의지가 될 수도 고
통스러울 수도 있으며, 우리를 따뜻하게 환영해줄 수도
그저 냉담할 수도 있다는 삶 자체에 대한 원초적인 메시
지를 던진다. 아이가 느끼는 자연스러운 공포를 부모가
어떻게 달래주었느냐에 따라 우리의 모든 태도와 행동의
기초가 되는 '핵심 공포core angst'의 형태가 생겨난다.

그다음으로, 권력과 권위를 접하는 주요 상황 또한
부모-자식 간의 경험 속에서 벌어진다. 자신의 권위를
스스로 찾아내는 일은 중년기에서 매우 중요하다. 이를
성공적으로 해내지 못하면 유년기의 경험이 인생 후반
부마저 지배한다. 우리는 어떤 권위, 즉 어떤 규범적 가
치관에 맞춰 살아가며, 누가 그렇게 하도록 명령하는가?
성인 대부분은 적잖은 시간을 '자기검열checkingin'을 하
느라 써버린다. 따라서 내면에서 일어나는 모든 대화를
의식으로 끌어올려 따라잡아야 한다. 머릿속 보이지 않

는 존재에게 조언이나 허락을 종종 구하지는 않는가? 내면의 대화는 생각보다 더 내면 깊이 박혀 있다. 자기검열을 행하는 '나'는 대체 누구이며 그렇게 하도록 만드는 '그들'은 또 누구인가? 내면의 권위는 부모 또는 부모를 대신하는 존재일지도 모른다.

이러한 자기검열이 갖는 반사적 특징은 놀랍기 그지없다. 결정을 해야 하거나 갈등을 겪느라 스트레스를 받는 상황이 아니면 제대로 맞설 수조차 없다. 우리가 반사적인 상황에 갇혀 있지 않다고 할 수 있으려면, 잠시 멈춰서 스스로에게 '지금 나는 어떤 사람인가? 어떤 기분이고 무엇을 원하는가?'라고 물어볼 수 있어야 한다. 자기검열이 은밀하고도 위험한 이유는 우리를 과거에 갇혀 살도록 만들기 때문이다. 내 내담자 하나는 치료 세션 중에 나와 단둘이 있을 때조차도 개인적인 비밀을 털어놓거나 다른 사람 이야기를 할 때면 고개를 돌려 뒤를 돌아보는 습관이 있었다. 내담자는 이 버릇을 '독일식 곁눈질'이라 불렀다. 나치 시절에 독일에서 자란 탓에 그는 사적이거나 반정부적일지도 모르는 주제에 관해 얘기할 때마다 당시 사람들이 어깨 뒤를 돌아보던 습관을 배운 것이다. 사춘기였던 그때로부터 50년이 지나 6,500킬로미터는 족히 떨어진 곳에 사는 지금까지 내담자의 몸과 마음은 자기검열하는 습관에서 벗어나지 못했다. 우리도 마찬가지로 과거에 자신을 지배한 권위에 맞춰 반사적으로 스스로를 검열한다.

종교적 명령이 많은 이에게 이런 역할을 수행하는데, 이들은 자신의 느낌을 죄책감 없이 솔직히 표현할 자유가 부족하다는 점에서 아이와 다를 바 없다. 지금껏 관찰한 바로는 무의식적으로 권위를 강요하는 성직자는 보통 사람들에게 이로움보다 해로움을 더 많이 끼친다. 죄책감을 불러일으키고 공동체에서 추방시킬 수 있다고 위협함으로써 개인의 감정 발달을 강력하게 저해한다. (고대 사람들이 개인에게 주어지는 최악의 벌이 '추방'이라고 생각한 건 우연이 아니다. 유대 정교에서 카디시Kaddish 기도를 읊는 대상은 죽은 사람뿐 아니라 공동체를 떠나가는 이들이기도 하다. 아미시Amish 신자는 자신들의 관습을 깨는 자를 '멀리한다'.) 집단에서 추방당하면 권위는 크게 위협받는다. 아이는 부모의 허락과 보호로부터 외면당하는 일을 견디지 못하며, 그 때문에 반사적으로 자연스러운 충동을 억누르는 법을 익힌다. 외면당할까 봐 두려워 생기는 자기방어가 바로 죄책감이다. 집을 잃어버릴지도 모른다는 위협과 부모를 잃어버릴지모른다는 공포가 너무 크기 때문에 우리는 일정 수준까지 자기검열을 계속한다. 우리 모두는 '독일식 곁눈질'을 한다. 몸이 실제로 그렇게 반응하든 아니든 간에 말이다.

현재를 사는 능력과 자신을 정의하는 성인으로 살아가는 능력이 없다면, 우리는 스스로의 본성과 성인기에서 떨어져 과거에 갇혀 있는 것과 다를 바 없다. 이런 사실을 깨달으면 처음에는 힘이 빠지고 의기소침해질지 모르지만, 끝내는 자신을 해방시킬 수 있다. 배우자, 직장 상사, 교회, 국가에 투사된 외부의 권위에 우리가 알게 모르게 얼마나 의존하는지 깨달으면 스스로 겸손해질 수밖에 없다. 지금도 나는 종종 나의 길을 스스로 선택하는 일이 두렵다. 최근에 한 내담자가 말한 대로, "나에 대해 생각하는 게 이기적이라는 말을 항상 들었다. 지금까지도 나 자신에 대해 이야기하거나 '자기'라는 말을 쓰는 것만으로도 죄책감이 든다".

부모 콤플렉스를 대하는 일, 그리고 스스로에게 권위를 부여하기 위해 애쓰는 일은 겉으로 보면 부모가 자신의 정체성을 자식의 유년기에 얼마나 쏟았는지와 관련된다. 부모들 대부분이 자신이 이루지 못한 삶을 자식에게 투사한다. 치맛바람이 센 부모가 전형적인 예다. 실비아 플라스Sylvia Plath(미국의 시인이자 단편소설 작가 - 옮긴이)의 어머니는 딸이 자살한 이후에도 자식의 경력을 관리했다. 이런 부모에게서 아이는 '네가 성공하면 나도 행복하겠지만, 성공한 뒤에 날 버리면 안 된다' 식의 혼합된 메시지를 자주 받는다. 그러다 보면 아이는 부모의 사랑에는 조건이 따름을 경험한다. 이렇게 부모가 자식을 통해 자신을 확인하려는 경향은 대체로 어머니가 딸에게, 아버지가 아들에게 더 강하게 보이지만, 아니마나 아니무스가 자신과 성별이 다른 자식에게 무의식으로 새어나가는 경우도 많다. 남자아이도 종종 어머니의 야망을 짊어진다. 그리고 게일 고드윈Gail Godwin(미국의 소설가 - 옮긴이)이 《멜랑콜리 목사의 딸Father Melancholy's Daughter》에서 묘사한 것처럼 여자아이 또한 아버지의 아니마를 따라야 하는 경우도 흔하다. 부모의 투사를 보여주는 극단적 예가 성적 학대로, 이는 부모의 아니마나 아니무스가 아이 수준에서 작용하는 경우다.

애정 어린 양육을 하느냐와 부적절한 양육을 하느냐는 종이 한 장 차이처럼 보이기도 한다. 융이 일찍이 지적한 대로, 부모가 이루지 못한 삶이야말로 자식이 짊어져야 하는 가장 큰 짐이다. 부모의 삶이 부모 자신의 공포로 가로막혔다면, 아이는 그 장벽을 넘어서는 데 어려움을 겪을 뿐 아니라 부모의 발달 수준에 맞추려는 무의식적 욕구에 발이 묶여 더 나아가지 못할지 모른다. 그러나 부모가 스스로의 삶을 충실히 살고 있다면 무의식적으로 자식을 질투하지 않으며, 기대와 한계를 투사하지도 않는다. 부모가 개성화를 성취할수록 자식 또한 더 자유로워진다. 에드워드 이스틀린 커밍스Edward Estlin Cummings(19~20세기 미국의 시인, 작가, 화가 – 옮긴이)의 표현을 빌리면 다음과 같다.

　—인간이 숨 쉬는 이유가 증오라 해도 난 이렇게 말하오—
　아버지가 영혼이 깃든 삶을 사셨기에
　사랑이 전부이자 그 이상이라고.[18]

에이브러햄 링컨은 "나는 노예가 되지 않을 것이며, 노예의 주인도 되지 않을 것이다"[19]라고 말했다. 우리가 과거에 부모가 올려놓은 짐에서 벗어나 독립된 개인으로 자유를 얻고 싶었던 것처럼, 자식에게도 마찬가지로 대해야 한다. 부모의 짐 때문에 우리도 힘든 시간을 겪었으며, 자신의 길이 처음부터 부모와 다르다는 사실을 부모가 알아주길 바란 일도 많지 않은가. 이제는 우리 아이들을 자유롭게 해줘야 한다. 사춘기에 부모와 자식 간에 갈등을 겪으면서 서로 의존과 속박에서 자연스럽게 벗어나는 경우가 많았다. 대학에 진학하고 취직을 하고 결혼하는 자식을 보며 대다수의 부모는 기뻐하지만, 한편으로는 자신의 한쪽을 잃어버린 듯한 상실감을 느끼는 부모도 있다. 자신의 일부분을 자식과 동일시한 탓이다.

내가 아는 이들 중에는 다 큰 자식에게 매일, 때로는 하루에도 몇 차례씩 전화하는 부모도 있다. 이는 우리가 아직도 서로 의존하고 있다는, 자식에게 전혀 도움이 되지 않는 무언의 메시지다. 1차 성인기에 매달려 있게 만들어 자식의 발달을 늦추기 때문이다.

좋은 대학에 진학하지 않았다는 이유로, 자기 맘에 드는 상대와 결혼하지 않았다는 이유로, 또는 올바른 가치체계를 신봉하지 않는다는 이유로 부모는 자식에게 실망한다. 자식을 자신과 다른 길을 가는 독립된 인격이 아니라 자신의 연장으로 여길수록 실망의 정도는 더욱 커진다. 자식을 진심으로 사랑한다면, 스스로 개성화를 이루게 해주는 것이 부모가 할 수 있는 가장 큰 일이다. 그래야 자식도 자신의 아이에게 똑같이 해줄 수 있다.

사람들이 일반적으로 생각하는 것과 달리 정신분석가는 내담자가 어떻게 개성화를 이룰지 계획하지 않는다. 분석가는 내담자가 분명 '자기'의 목소리를 듣고 스스로 내면의 진실을 믿게 되리라고 기대하며 내담자의 내면 대화를 일깨울 뿐이다. 이러한 접근법은 내담자를 인생의 목적을 알려주는 수수께끼 같은 부름을 스스로 깨우칠 수 있는, 존중받아 마땅한 사람으로 보는 것이다. 자식을 대하는 자세도 이와 같다. 자식은 부모와 다르며 부모에게 어떤 의무도 지지 않은 존재로 생각해야 한다. 자식은 부모를 돌보기 위해 존재하지 않는다. 반대로 부모가 자식을 돌보기 위해 존재하는 것이다. 자신과 같지 않은 타자다움otherness을 사랑하는 게 과제라는 점에서 이는 결혼생활과 마찬가지다. 부모 역할을 완벽하게 하지 못했다는 이유로 죄책감을 갖거나 자식을 인생의 시련에서 지켜주려 애쓰는 일은 자식에게 도움이 되지 않는다. 자식을 통제하거나, 자신이 못 이룬 삶을 자식이 대신 살게 하거나, 우리와 똑같은 가치체계를 자식에게 강요하는 건 사랑이 아니다. 자기도취에 불과하며 자식의 삶을 방해할 뿐이다. 개성화를 스스로 이루는 것만 해도 충분히 어려운데 왜 부모의 욕구까지 짊어져야 하는가? (미처 못했다면) 중간항로 동안 자식을 놓아주는 일은 자식에게 도움이 되며 우리 스스로에게도 필요하다. 이로 인해 더욱 발전할 수 있는 에너지를 발산하기 때문이다.

중년에 접하는 부모 콤플렉스의 또 다른 측면은 부모와의 관계 경험이 타인과의 우호관계에 영향을 끼친다는 것이다. 아이가 접한 '친밀함' 유형이 이후의 발달과정을 규정한다. 아이는 사춘기에 들어서면 보통 부모의 결혼생활에 도사린 함정을 피하기 위해 부모와 다른 짝을 찾고 부모와는 다른 애정관계를 만들겠다고 다짐하게 마련이다. 그러나 다시 생각해보라! 부모 콤플렉스가 계속되는 한, 자식은 결국 부모와 똑같은 짝을 선택하거나 정반대 유형을 선택해 과잉보상할 공산이 크다. 이러한 현상은 시간이 지날수록 더욱 뚜렷해질 뿐이다. 중년에 이르러서야 생각했던 것보다 자신이 부모와 더 닮았으며 연애관계 역시 익숙한 유형을 따라왔을 뿐임을 깨닫고 충격에 빠지는 것이다. 따라서 중년에 들어 자신을 바꾸려면 배우자와의 애정관계 또한 세세하게 짚어봐야 한다. 배우자가 같은 마음이 아니더라도, 내면이 바뀌려면 결혼생활에 변화를 주어야 하는 경우가 많다. 애석하게도 때로는 부모 콤플렉스가 결혼생활을 돌이킬 수 없이 오염시키기도 한다. (부모 콤플렉스가 결혼생활에까지 번지는 현상은, 군대에서 민간인 희생자를 가리켜 '2차 피해collateral damage'라고 하는 것과 비슷하다.)

융이 말한 콤플렉스 개념을 다시 살펴보자. 콤플렉스란 정신 내부의 감정으로 꽉 차 있는 에너지 덩어리를 말하며, 자아에서 분리되었기 때문에 스스로 움직일 수 있다. 콤플렉스는 본질적으로 감정적 반사작용으로, 그 강도는 콤플렉스의 기원이 얼마나 강력했는지, 얼마나 오래 지속됐는지에 따라 달라진다. 긍정적인 콤플렉스도 있으나, 우리는 삶에 부정적인 영향을 주는 콤플렉스에 주목하는 경향이 있다. 부모 콤플렉스는 유년기의 삶에 막대한 영향을 끼치는 걸로 보아 분명 강력하다. 부모 콤플렉스의 긍정적/부정적인 역할은 시 작품을 통해 극적인 방식으로 설명하는 게 도움이 될 것 같다.

상당수 현대시는 문학 선조들의 방식을 따라 총체적 시대정신에 접근할 수 있다는 개념을 포기했다. 그보다는 개인의 삶을 반영하고 거기서 의미를 찾음으로써 말의 힘으로 타인의 삶까지 어루만질 수 있기를 희망한다. '고백시confessional poetry'라는 이 새로운 작품 형태는 우리 모두가 동일한 인간의 조건을 공유하기에 개별성과 보편성을 함께 지닌다. 현대 미국 시인인 스티븐 던Stephen Dunn의 작품 세 편을 살펴보기로 하자. 첫 작품의 제목은 〈집 주위 일상The Routine Things Around the House〉이다.

어머니가 세상을 떠났을 때,
나는 생각했다. 이제 죽음에 관한 시를 쓰게 되겠군.
스스로를 용서할 수 없었다.

그러나 그 후 나를 용서했다.
어머니에게 사랑받고 자란 아들이
그러하듯이.

어머니가 누워 있는 관 속을 들여다보고는
깨달았다. 얼마나 오래 사셨는지
달콤한 추억을 되새겨보면
얼마나 많은 순간을 겪으셨는지
정확히 알 수는 없다.
어떻게 슬픔에서 벗어났는지,

하지만 열두 살 때가 기억났다,
1951년, 세상이 아직
블라우스를 벗어버리기 전.

엄마에게 물었다(나는 떨고 있었다).
가슴 한 번만 보여줄 수 있냐고
엄마는 당황하지도 수줍어하지도 않고

나를 방으로 데려가
보여주셨다,
더 이상 묻기 두려웠다.

이제, 오랜 세월이 지나, 누군가는 말한다.
엄마의 사랑을 받지 못한 게자리 아이는
저주받은 거라고, 게자리인 나는,

또다시 행복하다. 얼마나 행운인가
나한테 가슴을 보여준
엄마가 있었으니

내 또래 여자애들이
한창 혼자만의 세계를 짓고 있을 때
얼마나 행운인가.

어떤 꾸중도 다른 말도 없었다.
과하게도 모자라게도
한 번 만져보게 해달라고,

아니면 빨아보게 해달라고 물었다면
어떻게 하셨을까?
어머니, 이제 세상에 없는 여인,

나에게 쉽게
여성을 사랑하도록 허락해준 사람.
이 시를

엄마와 내가 멈춘 그 시점에
충분했던 그

불완전함에

그리고 어머니, 당신이 단추를 다시 채우고,
집 주위 일상으로 돌아가던
그 모습에 바칩니다.[20]

던은 분명 어머니 콤플렉스를 묘사했다. 과거에 일어난 일을 기억할뿐더러 그 결과가 자신의 현재에 어떤 영향을 끼치는지 관찰하고 있기 때문이다. 이러한 경험과 그 조용한 영향력을 의식하는 것이 중간항로에서 꼭 필요하다.

이 시는 어머니가 몇 가지 방향으로 긍정적 효과를 끼쳤음을 보여준다. 무엇보다도 시인은 어머니의 사랑을 느낀 덕분에 자신을 받아들이고 용서할 수 있었다. 부모가 긍정해준다는 느낌 없이 우리는 자기 자신을 사랑하지 못한다. 다음으로, 던은 자신이 최초로 겪은 여성에 대한 경험이 긍정으로 차 있었던 까닭에 다른 여성에게도 마찬가지의 신뢰와 사랑을 전할 수 있었다는 사실을 깨달았다. 분명 여기에는 원래 아이가 해서는 안 될 행동을 시도했다는 위험한 부분도 있었다. 타인에게 가 닿는 일은 미지의 행성을 방문하는 것과 같다. 첫 방문을 시도할 때 지지를 얻고 그 결과도 좋았다면, 이후의 방문 역시 긍정적일 것이다. 앞의 두 가지가 사랑받은 경험, 그리고 타자의 수수께끼를 접하는 것이었다면, 그다음으로 어머니가 발산한 긍정적 효과는 전적으로 시인의 현명함 덕분에 나타났다. 어머니는 신비로움이나 비밀스러움을 훼손하지 않고 아이의 욕구를 존중하는 법을 알고 있었다. 이 추억을 '일상'이라는 맥락에 놓음으로써 시인은 자신이 심리적으로 긍정적인 영향을 받았으며 상처 입지 않았다는 것을 더욱 강조하고 있다.

아이가 안전감을 유지하게 하는 일 말고도 부모의 가장 큰 역할은 아이에게 원형이 되어주는 것이다. 이 말은 아이가 부모에게서 경험하는 모든 것이 아이의 모델이 되며 아이의 내면에도 이와 유사한 능력이 생긴다는 뜻이다.

당연히 부모 자신도 완벽하지 않은 부모의 자식인 경우가 많고, 스스로 경험한 것만을 자식에게 전달할 수 있을 뿐이다. 따라서 상처 입고 불완전한 영혼의 유산이 세대에서 세대로 전승된다. 아이에게 가장 필요한 것은 양육과 힘을 얻는 일 두 가지다. 양육은 세계가 우리를 위해 봉사하고 양보하며, 정신적·감정적으로 자신을 지지해주는 것을 의미한다. 힘을 얻는다는 것은, 우리가 삶에서 만나는 어려움을 극복하며 원하는 것을 얻기 위해 싸울 수단을 지니고 있음을 의미한다. 두 가지 모두 부모

중 어느 쪽이든 아이에게 줄 수 있지만, 전형적으로 양육은 어머니, 힘을 지니는 일은 아버지와 연관된다.

〈유산Legacy〉이라는 장편 시에서 던은 가족이라는 신화 안에서 아버지의 역할이 어떻게 진화해가는지 추적한다. 작품 첫 부분의 제목은 '사진The Photograph'으로, 아이가 자율권을 암시하는 원형과 조우하는 상황을 묘사한다.

아버지는 스탄스 선장Captain Starns이라는,
애틀랜틱시티의 한 레스토랑에 있다.
때는 1950년,
11살 나도 거기 함께 있다.
아버지가 누구보다도 냉장고를 많이 파신 덕분에
거기 함께 있게 된 거다.
모든 것이 공짜다.
우리 가족이 귓속말을 시작하고,
증언이 소환되고 삶이 망가지는 건 그 이후다.

아버지도 나도 활짝 웃고 있다.
새우가 가득 담긴 그릇이
우리 앞에 놓여 있다.
우리는 같은 셔츠를 입었다,

짧은 소매에 조그만 보트 그림.
진부함과 행복 사이에 차이가 생긴 건

그 이후의 일이다.
나는 곧 일어나고
동생은 아버지 옆에 앉을 것이며
어머니는 카메라 셔터를 누를 것이다.
우리는 공정함을 믿는다.

미국이 여전히
기도이자 찬가라고 믿는다.
머리는 점점 벗어지지만
아버지는 얼굴로 말한다, 아무것도
그를 멈추지 못한다고.[21]

이 구절에서 시인이 향수nostalgia(그리스어로 '집을 그리는 아픔'이라는 뜻이다)에 젖어 있음을 느낄 수 있다. 카메라가 포착한 순간, 그 순간의 진실은 진실들 가운데 유일한 진실은 아니지만, 그래도 여전히 진실이다. 세계를 판단하는 방식은 무엇인가? T. S. 엘리엇Thomas Stearns Eliot(19~20세기 영국 시인 – 옮긴이)에 따르면 "우리는 삶을 커피 스푼으로 측량해왔다. (…) 하나뿐인 기념

비, 단단한 고속도로, 그리고 잃어버린 천 개의 골프공으로”.[22] 이 시에 등장하는 아버지와 아들에게 삶을 측정하는 도구는 다른 누구보다 많이 판 냉장고다. 이제는 잃어버린 유년기이자, 단순한 신앙심을 잃어버린 미국이지만 “아버지는 얼굴로 말한다, 아무것도 / 그를 멈추지 못한다고”. 전작에서 보았듯 어머니가 또 하나의 수수께끼를 풀어 아이의 미래를 자유롭게 해줄 때조차, 아버지는 아이에게 자신의 수수께끼를 전달하고 있음을 짐작할 수 있다.

이런 수수께끼를 목격하지 않은 채 아이가 1차 성인기에 진입하는 일은 얼마나 어려울까. 부모가 보여주는 모델이 경고·공포·편견·상호의존·자기도취·무력함일 때, 1차 성인기는 이것들에게 지배당하거나 이를 덮기 위한 과잉보상으로 오염된다. 인생 후반의 막을 열기 위해서는 스스로 얻은 지식을 부모가 전해주는 메시지와 구분할 수 있어야 한다.

던의 또 다른 작품은 다음과 같은 몇 가지 결정적 질문을 구별하는 과제를 묘사한다. ‘난 어머니와 어떤 점이 닮았을까?’ ‘어떤 점이 다를까?’ ‘아버지와는 어떻게 닮았을까?’ ‘어떻게 다를까?’ ‘나한테 더 크게 영향을 끼치는 사람은 누굴까?’ ‘한 분이 내게 영향을 끼칠 때 다른 한 분은 어디 있었을까?’ ‘어떻게 내 삶이 다른 시간대에 펼쳐지는 별개의 여정이라는 걸까?' 필요한 질문들이다. 하지만 무의식이 우리를 혼란시키는 경우가 많아 답이 언제나 바로 나타나지 않는다. 질문이 되풀이되거나 심리치료 또는 갑작스러운 깨달음의 순간에 그 유형만 겨우 구별할 수 있을 뿐이다. 던은 이러한 과정을 앞에 소개한 두 작품보다 10여 년 후에 쓴 〈그럼에도 불구하고Regardless〉라는 작품에서 묘사한다.

> 한번은 폭풍이 불던 때 아버지가
> 　나를 로커웨이로 데려가
> 요동치는 바다를 보여주셨다.

> 올바르고도 방어적인 사랑의 소유자인 어머니는
> 　격노하셨다.
> 아버지와 나는 나무 방파제가 무너지는 걸,
> 　바닷물이
> 산책로까지 밀려오는 걸 보았고,
> 　미친 듯 흩날리는 물줄기를 맞았다.
> 그날 저녁, 식탁에는 침묵이 흘렀고,
> 　더 차갑고 익숙한

> 분위기의 폭풍이 감돌았다.

아버지는
언제나 즐겁게 실수를 저질러

말썽을 일으키셨다. 어머니는 날카롭게
　　그 순간을 기다리셨다,
　　억압받는 민중이
역사적인 봉기의 순간을 기다리듯.

주중에는, 6시가 지나면, 나는 자전거를
　　플릿 스트리트 여관 쪽에 세워두고
저녁을 드시라고 아버지를 부르러 갔다.
　　아버지 친구들은 전부

거기 계셨다. 활기차고 짝이 없는, 아일랜드계의,
　　웃음에 찬 사람들.
아버지가 거기 있다는 게, 아버지를

집으로 불러야 한다는 게 부끄러웠다. 하지만
그때
　　나는 단지 아이였을 뿐, 바람을,
자기 멋대로 부는 바람을, 그럼에도 불구하고

좋아하게 된 아이였을 뿐. 그래서는 상처만
　　남는다는 걸 진작 알았어야 했는데.[23]

　　우리는 다시 한번 부모가 자식에게 수수께끼를 전해주는 모습을 본다. 폭풍우가 휘몰아치는 바다는 아이를 이렇게 경이로운 곳으로 이끄는 저승사자이자 영혼의 가이드인 아버지와도 같다. 자식을 보호하는 어머니의 감각은 올바르지만 갇혀 있다. 이 또한 사랑의 형태이며 아이에게는 둘 다 필요하다. 두 가지 형태의 에로스가 아이를 사이에 두고 저녁 식탁에서 충돌한다. 시인은 폭풍이라는 환유로 더 어두운 태풍이 다가옴을 암시한다. 부모 사이에 낀 자식은 아버지를 집으로 부르는 밀사 역할을 해야 하는 게 부끄럽다. 부모 사이에 끼어 있던 기억, 어머니와 아버지 둘 다 필요했고 사랑했던 기억, 그럼에도 바람이 부는 대로 따르고 싶었던 기억들로 아이는 수치라는 감정을 내면화한다. 몇 년이 지나자, 자신에게 벌어지는 일은 상처로만 인식된다. 어떤 상처이며 어떤 영향을 주는지, 어떻게 지금까지 당신과 다른 사람에게 계속 영향을 주는지 궁금하다면? 다른 질문은 다른 시에게 묻기로 하자.

　　우리는 부모가 이루지 못한 삶, 부모의 슬픔과 분노를 계속 짊어지고 살아가게 될 것이다. 그것들이 무의식의 영역에 남아 있는 한 그렇다. 수치심도 마찬가지다. 수치심은 우리가 타인의 상처와 연관되어 있다는 느낌이기 때문이다. 우리는 결국 타인을 그가 어떤 마음을 지녔는지로 판단할 수 있을 뿐인데, 이는 그동안 타인이 자신과 주변 사람에게 해를 끼치지 않았다는 뜻이 아니다. 여기 소개한 스티븐 던의 시 세 편에서 우리는 부모 콤플렉스가 어떻게 긍정적이거나 부정적으로 작동하는지 살펴보았다. 다시 말하지만 살아온 역사를 피할 수 없기에 콤플렉스는 필연적으로 존재한다. 과거에 의식하지 않았던 부분이 현재에 파고들어 미래를 결정한다. 자식을 양육할 수 있는 능력은, 자신이 부모로부터 얼마나 제대로 양육받았다고 느끼는가에 따라 달라진다. 자신의 삶을 온전히 영위할 수 있는 능력은, 부모에게서 얼마나 힘을 얻었다고 느끼는가에 따라 달라진다. 아픔이 아니라 지지라 생각하고 관계를 시작할 수 있는 능력은, 부모 콤플렉스와 의식적 대화를 어느 정도로 나눌 수 있는가에 따라 달라진다.

　　우리 대부분은 부모가 자신의 상처 때문에 양육과 힘을 얻길 원하는 우리의 원형적 욕구를 제대로 충족해주지 못했던 경험이 있을 것이다. 중간항로 중에는 이런 개인사를 세밀하게 분석해볼 필요가 있다. 심리치료라 해봤자 현재의 고통을 전부 부모 탓으로 돌리는 것밖에 없지 않느냐는 말을 들어본 적이 있다. 사실 그 반대다. 인간의 정신이 얼마나 연약한지를 민감하게 이해할수록 부모가 우리에게 준 상처를 용서할 가능성이 커진다. 가장 나쁜 일은 이 모두를 계속 무의식 속에 묻어놓는 것으로, 그랬다가는 치러야 할 대가가 크다. 자신이 과거 어디에서 상처나 결함을 발견하든 간에, 우리는 스스로 이를 감싸안는 부모 역할을 해야 한다.

원래 우리 안에서 활성화하지 않았던 일을 해내기란 당연히 훨씬 어렵다. 두려움에 둘러싸인 미지의 영역 안으로 용감하게 들어가야 하기 때문에 이 중 무엇이든 달성하려면 커다란 위험을 감수해야만 한다. 부모가 자신을 배신한 경험이 있다면, 타인을 믿는 일뿐만 아니라 연애와 결혼생활을 시작하는 일이 더욱 어려워진다. 이성을 두려워할 수도 있고 이성과의 관계에서 자신감을 상실한 탓에 시작부터 잘못된 선택을 할 수도 있다. 스스로의 가치를 부모가 지지해주지 않았다면 실패를 두려워하는 반면, 삶에서 거쳐야 할 여러 과제, 심지어 성공까지도 계속 회피하려고만 들 것이다. 땅이 근본부터 무너진 느낌이 든다 해도 우리는 여전히 자신이 딛고 설 땅을 다질 때까지 한 발 한 발 걸음을 내디디며 필요한 일을 하나하나 이뤄나가야 한다.

타인의 삶에서 파생한 이러한 원초적 메시지의 기

원을 밝혀내지 못하면 어떤 일도 성취할 수 없다. 좀 더 풍성한 삶을 사는 일이 우리 삶의 과제이므로, 어린 시절이 자신을 지지해주지 않는다 하더라도 이 과제를 수행해야 한다. 융에 따르면 우리는 부모를 그저 나와 다른 성인으로 볼 수 있게 된 후에야 진짜로 성장할 수 있다. 분명 내 이력과 특별한 연관이 있고 때로 상처를 주었을지도 모르지만, 부모를 그저 자신의 거대한 인생 여로에 용감하게 맞섰을 수도 아니었을 수도 있는 '타인'으로 인정해야 한다는 뜻이다. 우리에겐 자기만의 인생 여로가 있으며, 이 길은 과거 개인사를 넘어 자신이 지닌 최대의 가능성에 다가갈 수 있을 만큼 충분히 넓다.

일, 직업인가 소명인가

마흔이 된 이들에게는 경제적 현실을 굳이 일깨워주지 않아도 된다. 이때쯤이면 빈곤한 은퇴생활을 걱정하면서도 '돈으로 행복을 살 수 없다'는 뻔한 말이 사실이라는 것쯤은 이미 다 알고 있다. 1차 성인기에 벌어지는 여느 투사와 마찬가지로, 돈 역시 쓸모는 있으나 별로 중요하지는 않은 종잇조각 또는 쇠붙이로 보일지도 모른다. 우리 모두에게는 경제적 과제와 경제적 상처가 있다. 가족을 부양한 여성에게 경제적 자유란 자신에게 주어지지 않았던 힘을 얻는 일을 뜻한다. 치아 교정비니 자식 학비니 별의별 청구서 때문에 공포에 질려 있는 중년 남성에게 경제란 정신병자나 죄수가 입는 구속복이며 끝없는 제약이다.

이 같은 현실을 헤쳐나가려고 우리 대부분은 평생 동안 일한다. 어떤 이에게는 일이 감정을 지탱해주는 수단인 반면, 어떤 이에게는 정년퇴직의 꿈이 사막의 오아시스처럼 손짓한다. 프로이트는 건강하려면 일이 필수 요소라고 했는데, 과연 어떤 종류의 일을 말하는 것일까? 가리키는 대상은 같지만 '직업'과 '소명' 사이에는 커다란 차이가 있다. 직업은 돈을 벌어 경제적 수요를 만족시키기 위한 것이다. 반면 소명vocation('부름'을 뜻하는 라틴어 vocatus에서 왔다)은 삶의 에너지를 실현하도록 요청받는 것이다. 스스로 충분히 생산적이라고 느껴야 개성화를 이룰 수 있으며, 자신의 소명에 응답하지 않으면 영혼이 상처를 입는다.

소명은 우리의 선택이 아니다. 소명이 우리를 선택한다. 우리는 거기에 어떻게 반응할지를 선택할 수 있을 뿐이다. 개인의 소명은 소득과 상관이 없을 수도 있다. 누군가에게는 타인을 키우는 일이, 누군가에게는 예술이 대접받지 못하는 시대에 예술가가 되는 일이 소명일 수도 있다. 그러나 천대받거나 거부당하는 소명이라도 우리는 기꺼이 하겠다고 답함으로써 자신을 지킬 수 있다. 니코스 카잔차키스Nikos Kazantzakis의 소설 《그리스도의 마지막 유혹The Last Temptation of Christ》은 바로 이 딜레마를 다룬 작품이다. 나사렛의 예수는 로마인이 쓸 십자가를 만들던 목수인 아버지와 같은 삶을 살고 싶어하지 않는다. 마리아 막달레나와 결혼하여 교외에 살면서 스포츠카처럼 낙타를 몰며 아이를 낳고 가정을 꾸리고 싶어한다. 이때 자기 내면의 소리인 보카투스vocatus가 그에게 다른 곳으로 가라고 명한다. 아버지에게 버림받고 홀로 남은 예수는 마지막으로 자신의 소명을 외면한 채 평범하게 살고 싶다는 유혹을 받는다. 하지만 평범한 삶을 상상한 후, 예수는 자신의 개성화를 배신하는 일은 스스로에 대한 배신임을 깨닫는다. 보카투스의 부름에 응답함으로써 예수는 비로소 그리스도가 된다. 따라서 융은 그리스도를 본받는 길imitatio Christi은 그 옛날 나사렛의 목수 아들처럼 사는 게 아니라, 예수가 그리스도의 삶을 산 것처럼 자신의 개성화 과정인 소명을 따라가는 것이라고 말했다.[24] (이는 사도 바울이 "이제는 내가 산 것이 아니요, 오직 내 안의 그리스도께서 사신 것이라"[25]고 말한 의미와 같다.)

우리의 소명은 일직선이 아니라 이리저리 휜 구불

구불한 길이다. 최근 한 신문기사에 따르면 미국인 중 거의 40퍼센트가 해마다 진로를 바꾼다고 한다. 직업이 아니라 진로 말이다. 이는 부분적으로 경제적 기회가 변화하는 데 따른 결과이기도 하나, 그럼에도 너무 많은 사람이 자신의 삶을 바꾼다. 평균 수명이 길어진 지금, 개인이 여러 진로를 경험하면서 다면체 자기에 존재하는 다양한 측면을 작동해보는 것을 막을 방법은 없다.

물론 경제적 필요를 무시할 수는 없다. 그러나 여러 선택지를 생각해보자. 어떤 이는 경제적으로 예속된 채 살 수도 있고 또 어떤 이는 "나는 채권자들과의 거래로 생계를 유지하고 그걸로 내 영혼을 채워"라고 말할 수도 있다. 예를 들어 내 지인 하나는 철학 석사학위를 갖고 있는데도 새벽 3시부터 아침 8시까지 신문을 돌렸다. 돈을 벌기 위한 단순노동이었지만 그는 일이 끝나면 이후의 시간을 자유롭게 쓸 수 있었다. 그렇게 일과 소명 사이의 균형을 맞추며 그 혜택을 모두 누렸다.

일을 소명과 연결하는 데 성공한 경우도 있으나, 소명을 성취하기 위해 엄청난 대가를 치를 수도 있다. 역설적이지만, 소명이 강력하면 자아의 욕구까지 희생해야 할 때가 있다. 그러나 우리는 소명에 무언가를 요구할 수 없다. 소명이 우리에게 요구한다. 그리고 삶의 의미 중 상당 부분은 소명의 요구를 받아들이는 데서 온다. 자아는 삶을 이끌지 않는다. 실제로 자아는 삶에 관해 거의 알지 못한다. 우리에게 전체가 될 것을 요구하는 것은 바로 수수께끼 존재인 '자기'다. 전체가 되는 데 자신의 에너지를 어떻게 쓸 것인지 결정하는 일이 우리 삶의 여정에서 중요한 역할을 차지한다.

돈과 권력이 표상하는 투사를 깨닫고 여기에서 물러서고 나면, 극단적인 질문을 하나 던져야 한다. '나는 무엇을 하도록 부름받았는가?' 이 질문은 스스로에게 주기적으로 해야 하며, 그 답변에도 겸손하게 귀를 기울여야 한다. 개성화 과정에서는 여러 종류의 에너지를 실현하라는 부름을 받을 수 있다. 이제 안정을 찾았다 싶은 바로 그때, 다시 뿌리째 흔들리며 새로운 방향으로 부름을 받을 수도 있다. 어떤 사회의 짐을 짊어졌든 간에, 경제적 속박이 무엇이든 간에, 우리는 다시 질문해야 한다. '나는 무엇을 하도록 부름받았는가?' 계획을 세우고 필요한 대가를 치르고 충분한 용기를 갖춘 후 부름에 따라 실행할 방법을 찾아야 한다. 자아는 언제나 편안함과 안전을 추구하기 때문에 자아를 희생하는 일에는 아픔이 따른다. 그러나 삶을 뒤돌아봤을 때 부름에 응답하지 못했다는 후회로 괴로워하는 일과는 비교할 수 없다. 보카투스는 우리가 스스로의 모습으로 최대한 충만하게 살라고 말한다. 선한 마음뿐만 아니라 용기의 크기가 우리를 판단한다. 그간 분투해서 얻은 안전을 포기하는 일이 두려울지도 모른다. 하지만 부름대로 더 큰 사람이 되지 못하는 일과는 비교할 수 없다. 영혼의 욕구는 부귀영화로 채울 수 없다.

열등 기능의 재발견

복잡한 현대세계는 필요에 따라 다양한 전문가를 낳았다. 따라서 우리는 초등학교 때부터 기능이나 적성 등으로 분류되어 더 넓은 전문화 과정을 밟는다. 전문화의 길을 따라갈수록 개성이 상처를 입고 영혼이 무뎌질 위험도 커진다. 상업·직업 교육을 강조하고 예술의 중요성이 점점 줄어들면서, 우리는 이렇게 좁아진 학문적 준비과정의 속박을 받게 됐다. 융은 신경증을 "자신과의 불일치"라고 간단하게 정의했는데, 이는 개성이 한쪽으로 치우친다는 뜻이다.[26] 이 정의는 우리 모두에게 해당한다. 이는 앞에서 언급한 것처럼 후천적으로 획득한 인격은 반응적 측면을 갖고 있기 때문이지만, 서구사회 교육과정이 갖는 본질 때문이기도 하다. 훈련을 많이 받을수록 개성은 약해진다.

융은 1921년에 현실을 처리하는 방법으로 여덟 가

지 성격유형론에 대한 저서[27]를 출간했다(이를 근거로 MBTI 성격유형검사가 만들어졌다-옮긴이). 여기서 융이 제시한 내향성과 외향성은 이제 일상 언어가 되었다. 인간에게는 사고, 감정, 감각, 직관이라는 네 가지 기능이 있으나 그 비율은 각기 다르다. 우리가 현실에서 방향을 잡기 위해 반사적으로 가장 많이 사용하는 것이 주요 기능 dominant function이다. 분명 주변인한테서 영향도 받겠지만, 성격유형은 기본적으로 유전되는 것으로 본다. 내향성이나 외향성 태도는 우리가 현실을 자신의 내부에 있는 것으로 처리하는지 또는 외부에 있는 것으로 처리하는지를 설명한다. 따라서 외향성 감각 유형은 외부세계에 끌리며 엔지니어나 요리사 같은 직업을 갖는다. 내향성 사고 유형은 학자가 될 수도 있지만, 중고차 판매원이 된다면 엄청나게 불행해질 수도 있다.

주요 기능은 보통 초기에 나타난다. 우리는 주요 기능을 되도록 많이 사용하려는 경향이 있다. 게다가 위에 언급한 대로, 우리는 일찍이 자신이 잘하는 분야로 묶여 좁은 전공 분야로 나아간다. 이런 식으로 더 많은 훈련을 성공적으로 받을수록 시각은 좁아지고 개성은 무뎌진다. 이를 통해 사회가 주는 보상과 결탁하는 이유는, 주요 기능이 이끄는 방향으로 따라가는 것이 자신에게 어색하거나 보상이 덜한 쪽과 씨름하는 것보다 훨씬 쉽기 때문이다.*

주요 기능이 반드시 더 잘하는 쪽, 즉 단순히 더 발달해서 자주 사용하는 기능을 의미하지는 않는다. 열등기능Inferior Function은 현실 처리에 우리가 가장 덜 의지하며 가장 덜 편안한 분야를 말한다. 따라서 사고 유형은 감정이 배제된 것이 아니라 무엇이 무엇을 의미하는지, 그리고 이를 어떻게 이해하고 어디에 놓을 것인지를 분석하는 일에 가장 즉각적으로 반응하는 방식이다. 사고 유형을 그대로 따르는 사람은 감정생활이 좀 더 원초적이며 덜 복잡한 방식으로 발현될 가능성이 크다.

중간항로 중에는 그간 더디게 발달한 정신 부분이 더 많은 관심을 요구한다. 융은 프로이트가 감정형이라고 생각했다. 프로이트는 명석한 두뇌로 자신의 열정적 감정을 정당화하고 방어할 여러 가지 이론적 설명을 만들어냈다. 프로이트는 의견이 달라 결별한 동료들을 학파의 배신자라고 비난했다. 자신의 이론들을 정리해서

---

* 이 책에 등장하는 성격유형론에 관한 논의는 피상적 수준이므로 관심 있는 독자는 책 뒤쪽에 정리한 참고문헌 목록을 참조하기 바란다. 가장 간단하게 할 수 있는 성격유형검사는, 삶의 어떤 분야가 쉬우며 어떤 분야가 어려운지 자문해보는 일이다. 자동차 정비나 대차대조표 작성을 좋아하는 사람이라면 보통 사색적인 소설은 즐겨 읽지 않을 것이다. 마찬가지로 사람들과 쉽게 어울리는 사람은 컴퓨터 소프트웨어 디자인처럼 혼자 하는 일에는 흥미가 없을 것이다.

사상의 거래시장에 내놓는 대신, 이를 삶의 감정적 방향을 변호하는 데 사용한 것이다. 반면 융은 외향적 직관 사고형으로, 정신분열증에서 연금술, 비행접시에 이르기까지 관심 분야가 다양했다. '방사사고(거미줄처럼 중심에서 퍼져나가는 사고 - 옮긴이)'의 직관을 지녔으나 감각형의 강점인 순차적 논리는 부족했다. 자신의 감각을 발휘하기 위해 융은 요리·조각·그림 등의 활동을 했는데, 자신의 열등 기능을 의식으로 끌어올리기 위해서였다.

중년에 이르면 안팎으로 스트레스가 많아진다. 내면의 스트레스는 우리 자신이 사회와 결탁하여 총체적 개인을 무시한 데서 비롯한다. 우리는 쉬운 길을 선택했고, 전체적 완성도가 아닌 생산능력으로만 보상받았다. 꿈속에서 개성의 다른 면을 경험할 수 있는 이유는 열등 기능이 무의식으로 내려가는 문 역할을 하기 때문이다. 개인으로 발전하려면, 그리고 인간관계를 강화하려면 성격유형론이라는 주제를 진지하게 받아들일 필요가 있다.

융의 성격유형론은 단순히 사람들을 통에 넣고 분류하는 방식이 아니다. 이를 제대로 알고 있으면 두 가지 면에서 크게 도움이 된다. 첫째, 사람들 사이의 갈등이 주로 서로 다른 성격유형에서 비롯되었다는 것을 받아들인다. 닐 사이먼Neil Simon의 대표 희곡 〈희한한 한 쌍The Odd Couple〉은 여러 가지 버전으로 나왔으나 공통된 주제는 일종의 농담으로, 정반대 성격을 지닌 두 사람을 함께 어울리게 만드는 방법에 관한 것이다. 등장인물인 오스카와 펠릭스는 현실을 처리하는 방식이 완전히 반대다. 펠릭스는 정리가 안 된 방에 짜증을 내는 반면 오스카는 모든 것이 편리하게 자리잡은 공간이라고 생각한다. 둘 다 자기가 옳고 상대는 머저리라고 확신한다. 익히 알고 있듯 대인관계, 특히 결혼생활에서 우리를 골치 아프게 만드는 것은 서로 다른 성격유형이다. 배우자가 자신과는 다른 유형임을 깨달으면, 상대를 선의로 받아들일 수 있을 뿐만 아니라 서로의 긴장과 오해를 줄이는 먼 길을 동행할 수 있다.

두 번째로, 자신의 주요 기능 또는 우월 기능을 알고 있으면 자신의 현실에서 열등한 또는 부적절한 방향도 알 수 있다. 이는 외부세계에 더 잘 적응하고 정신의 균형을 유지하기 위해 자신의 성격에서 어떤 측면을 더욱 발전시켜야 하는지 알려준다. 구체적으로는 우리가 자주 회피하는 일, 그래서 배우자 등 타인에게 자주 부탁하는 일을 스스로 할 수 있어야 한다는 뜻이다.

어떤 결혼생활에서든 이런 의문이 들 수밖에 없다. '내가 스스로 다 해야 한다면 나는 이 사람한테 뭘 기대하는 걸까?' 이 질문은 내면아이라는 거대한 감정적 의제만이 아니라 유형론 자체에도 적용된다. 상호의존성에 대해 깨닫는 일은 단순히 누가 잔디를 깎고 누가 가계부를 쓰느냐 등을 아는 것만을 의미하지 않는다. 나와 다른 타인의 모습을 기꺼이 격려해줄 수 있는 자립하는 인간이 되는 일과 관련이 있다.

성공이 어떻게 개인을 가두고 위축시켜왔는지를 이해하는 데도 도움이 된다. 예를 들어 조깅과 여러 가지 운동은 스트레스를 조절하는 수단 이상의 역할을 한다. 운동은 일주일 내내 책상 앞에서 씨름하던 개인이 감각세계와 다시 접촉하게 한다. 육체노동을 하는 사람이라면 두뇌가 열등 기능을 사용해달라고 요청해올지 모른다. 익숙하지 않은 일을 하는 것이 처음에는 어색할 수 있으나, 마침내 정신이 더욱 안정되고 편안해질 것이다. 서구문화에서는 정신의 균형을 맞추는 과정에서 고용주는 물론이고 심지어 가족에게게서조차 어떤 협력도 기대하기 어렵다. 게다가 이를 위해서는 이곳저곳에서 시간을 빼와야 한다. 취미를 그저 시간을 때우는 목적이 아니라 영혼의 양식으로 생각한다면 좀 더 진지하게 우리가 평소 생활하던 방식의 대안을 찾을 것이다. 그러나 우리를 여기까지 이끌어온 것과 다른 무언가를 시도하는 데 따른 불안감 때문에 우리는 정신에서 홀대받는 부분에 에너지를 주고 싶다는 잠재 욕구를 무시해버릴지도 모른다. 그 욕구가 보상으로 돌아온다고 해도 말이다.

지금까지 설명한 내용은 중간항로 중에 우리가 스스로와 맺는 약속의 한 부분이다. 전문화 과정에서 무시되고 금지당해 뒤처졌던 부분을 되살리는 일이다. 성격 유형론에 대해 생각해보라는 것은 단순히 취미를 찾아보라는 훈계가 아니다. 이는 한쪽으로 지나치게 치우친 성격을 균형 잡기 위해 많은 사람들이 취할 수 있는 유일한 방법이다.

그림자를 끌어안다

앞서 말했듯 자아는 사회화 과정에 대한 반응으로 페르소나를 얻기 위해 막대한 에너지를 소모한다. 페르소나란 외부세계에 보여주기 위해 필요한 얼굴이지만, 내면 생활 역시 보호한다. 그러나 주요 기능에 의존하면 개성의 일부분만 편애하게 되는 것처럼, 페르소나 역시 자기를 구성하는 한 부분으로 여겨야 한다. 외부세계를 대하는 데 페르소나가 필요하지만, 우리의 거대한 정신 속에는 아직도 많은 부분이 탐색해주기를 기다리고 있다.

그림자가 개인 내면의 억압된 모든 것을 뜻한다는 사실을 기억할 것이다. 특정한 자기 이미지에 투자한 시간이 많을수록 개인의 발달 역시 현실의 한쪽 면에만 적응하면서 이뤄진다. 그리고 중년이 된 현재 모습에서 안전감이 차지하는 비중이 클수록 그림자의 공격으로 더욱 고통스러울 것이다. 하지만 이 과정은 중간항로에서 반드시 필요하다.

우리 대부분은 어떤 행동을 하고 나서 당황했던 적이 있다. 바람을 피우거나 약물을 복용하거나 자신을 믿고 의지한 사람들을 배신하는 일 말이다. 새벽에 눈을 떴을 때 악마가 침대 건너편에서 웃으며 자신을 보고 있는 경험을 해보지 않은 사람이 어디 있겠는가? 우리가 저지르는 어처구니없는 행동은 자신과 타인에게 해를 끼치는 결과를 빚을지는 모르나, 실은 더 풍부하고 새로운 삶을 찾고자 하는 어둠 속의 탐색을 의미한다. 자신에게 솔직할 수만 있다면 우리는 자기 자신의 이기심, 의존 성향, 두려움, 질투, 그리고 파괴적인 능력까지도 파악할 수 있다. 분명 보기 좋은 모습은 아니겠지만, 무작정 밝기만 한 페르소나보다 더 완성된 형태이며 더 인간적이다. 로마시대 시인 테렌티우스Terentius는 "인간에 대한 어떤 것도 남의 일로 보지 않는다"[28]라고 말했는데, 인류역사상 가장 현명한 발언 중 하나라고 생각한다. 스스로에게 적용해보면 부끄러워지는 격언이긴 하지만.

그림자는 억압된 삶일 뿐 악한 걸로 봐선 안 된다. 그림자도 풍부한 잠재력을 지녔고, 우리는 그림자를 의식으로 끌어들임으로써 더욱 흥미롭고 완성된 인간이 된다. 그림자가 없는 사람은 놀라울 정도로 평범할 뿐 아니라 매력이 없다. 억압된 창조성과 마찬가지로 자신 속 가장 어두운 충동의 존재를 인정하고 의식 표면으로 끌어올려 받아들이려는 노력은 그 모두를 통합한 완성된 자신으로 나아가는 한 걸음이다. 부정적 그림자 안에 들어 있는 분노·욕망·화 등은 무의식 수준에서 발현하면 해로울 수 있으나, 의식 수준에서 받아들이면 새로운 방향과 에너지를 준다.

구체적으로 말하면 그림자는 어떤 형태로든, 그러니까 무의식적 행동이든 타인에 대한 투사든 우울증이나 신체로 나타난 질병이든 결국 드러나게 되어 있다.*

그림자는 표현을 허락받지 못한 모든 삶의 모습을 표상한다. 부정당해 잃어버린 감수성은 느닷없이 우리를 감상적인 행위에 빠져들게 하고, 버림받은 창조성은 우리를 권태와 무기력으로 몰아넣는다. 억압된 자발성은 삶을 지루한 일상 속의 하찮은 것으로 만든다. 그림자는 의식 수준의 성격보다 훨씬 강력하지만 아직 써보지 못한 삶의 에너지이며, 이를 막아버리면 생기 또한 줄어든다.

* 나처럼 정신분석가인 내 친구는 현재 천주교 사제로, 자신이 몸담은 종

그림자는 어떤 식으로든 비밀리에 작동하고 있을 것이므로 우리는 중간항로에서 반드시 내 안의 그림자를 의식 수준에서 만나야 한다. 다른 사람을 보고 내가 부러워하거나 싫어하는 모습이 무엇인지 살펴보고, 자신 안에서 이 모두를 받아들여야 한다. 이는 우리가 해보지 못한 것들 때문에 다른 사람을 부러워하거나 탓하지 않도록 도와준다. 또한 인생에서 아직까지 사용한 잠재력은 일부에 지나지 않으며, 자아가 지금껏 성취한 것들로 섣불리 자만하거나 안주하고 있을 때가 많음을 일깨워준다. 개인의 성장과 에너지, 창조성의 또 다른 원천이 무엇인지도 보여준다. 우리 안에 있는 그림자와 대화를 나눔으로써 우리는 타인에 대한 증오와 질투 등 수많은 투사를 없앨 수 있다. 내 삶을 사는 것만으로도 충분히 힘들지 않은가. 타인의 문제에 갇혀 신음하기보다 나의 개성화에 더욱 집중하자. 그러면 모든 사람이 조금은 더 행복해진다.

삶의 의미가 의식 범위 및 개인 발달과 직접 연관

단 창시자에 관해 논문을 썼다. 그 창시자는 중년이 되자 젊었을 때 종단을 창시하도록 자신을 이끌었던 비전이 속박일 뿐이라 느끼고 자신의 모든 맹세를 취소하려 했다. 그러나 그러지 못했고, 그 결과 그는 생애 마지막 20년을 침대에 누워 보내야 했다. 이루지 못한 삶의 그림자가 그에게 복수한 것일지도 모르겠다.

이 있다면, 마흔에는 그림자의 침공이 필요할뿐더러, 그래야 치유 가능성이 생긴다. 자신에 대해 더 많이 알수록 더 많은 잠재력을 실현할 수 있고, 훨씬 다양한 톤과 색채를 성격에 보탤 수 있으며, 삶의 경험 또한 풍부해진다.

4. 문학으로 비춰보다

《파우스트》《보바리 부인》《지하생활자의 수기》

단테Dante가 자기 삶의 의미를 다시금 상기하고자 그려낸 영혼의 순례는 다음 문장으로 시작한다. "삶의 여정 중간에, 어두운 숲속에서 길을 잃은 내가 보였다."[1]

이 장에서는 임상 상황이 아니라 문학작품에서 보이는 몇 가지 사례를 논해볼까 한다. 약 2,500년 전 아리스토텔레스Aristotle가 주장한 것처럼, 예술은 우주를 포용하기 때문에 때때로 삶보다 명징하다.[2] 단테의 《신곡》처럼 저승까지 내려갔다가 여행의 모든 이야기를 담고 돌아오는 예술가의 역량은 우리의 상황을 매우 명확하게 표현해준다. 우리는 특정 인물과 자신을 동일시할 뿐 아니라 그 인물이 보편적 인간 상황을 극화dramatization한 것으로 여긴다. 우리 모두 인간의 보편적 상황을 공유하기 때문에 그들의 한계나 통찰, 그리고 그 안에서 벌어지는 행위로부터 우리 자신에 대해 무언가 배울 수 있다.

T. S. 엘리엇은 우리가 과거보다 유일하게 한 가지 나은 점은 과거를 자신 속에 담아 스스로 넓어질 수 있다는 사실이라고 말했다.[3] 다른 말로 하면, 문학과 예술을

통해 우리는 자신의 가능성을 더욱 넓히는 동시에 더욱 성장하고 발전할 역량을 키울 수 있다. 예를 들어 햄릿은 작품 《햄릿》 속에서 언제나 자신의 같은 대사만 말할 수 있다. 우리 모두는 '햄릿 콤플렉스', 즉 무엇을 해야 할지는 알지만 할 수 없는 시간들로 고통받는다. 그러나 작품 속 햄릿과 달리, 우리는 의식적으로 대본 자체를 바꿔버릴 수도 있다.

서로 연관성은 없지만, 19세기 걸작인 괴테Johann Wolfgang von Goethe의 《파우스트Faust》 초반부와 플로베르Gustave Flaubert의 《보바리 부인Madame Bovary》 중반부는 공통적인 주제를 다룬다. 주인공이 투사로 가득한 1차 성인기에 중년의 혼돈과 우울에 신음하며, 지금까지 사용했던 인생의 전략이 소진되는 곤경에 빠진다는 것이 바로 그 주제다.

학자인 파우스트는 르네상스 시대의 이상인 '지식'을 상징하며, 철학·신학·의학 등 당대에 알아주던 학문 분야에 모두 숙달한 인물이다. "내 모든 지식으로 나 여기에 있네. 그전에는 비참한 바보에 불과했지."[4] 자신의 주요 기능인 사고를 활용하여 파우스트는 인간 지식의 최고 경지에까지 오르지만, 거기서 기다리는 건 달콤한 행복이 아닌 폐허뿐이었다. CEO들 중 파우스트와 똑같은 절망을 경험해본 사람이 적잖을 것이다. 성취가 클수록 자신의 열등 기능인 감정은 억압당해왔다. 사고만큼 복잡하면서도 자신을 지극히 원초적으로 표현하는 감정은 폭풍처럼 몰려와 파우스트를 깊은 우울 속으로 몰아넣었다. 파우스트의 배움은 놀라운 경지에 이르렀으나 그 대가로 그의 아니마는 억압당해야 했다. 거대한 우울에 빠져 여러 번 자살까지 생각한 파우스트는 자신의 가슴속에서 두 개의 영혼이 다투고 있음을 깨닫는다. 하나는 별조차 녹일 만큼 감미로운 음악을 만들고 싶다는 욕구이며,* 다른 하나는 진부한 일상에서 벗어나고 싶지 않다는 욕구다. 현대의 우리라면 신경쇠약을 일으켰을 만큼 긴장한 파우스트는 악마 메피스토펠레스를 만난다.

　　괴테가 《파우스트》**에서 묘사하는 메피스토펠레스는 악하다기보다는 파우스트의 그림자를 구체화한 인물이다. "저는 태초에 전체였던 일부의 일부, / 빛을 낳은 어둠의 일부지요."[5] 메피스토펠레스는 그림자를 '전체 중 외면당하고 억압된 일부'이나 궁극적으로 전체를 완성하는 변증법을 위해서 반드시 필요한 것으로 묘사

---

*　이 표현은 "인간의 말은 금이 간 냄비와 같아서, 별조차 녹일 만큼 감미로운 음악을 만들려고 아무리 두드려봐도 곰이나 춤출 법한 리듬밖에는 만들지 못한다"라는 플로베르의 말에서 따온 것으로 보인다 – 옮긴이.
**　파우스트는 원래 독일 전설 속 인물이며, 여러 다른 작가의 문학작품뿐만 아니라 다양한 예술 장르에 등장한다 – 옮긴이.

한다.

《파우스트》는 내용이 깊어 여러 가지 방법으로 읽을 수 있는데, 그중 하나는 이 작품을 중년에 다다른 자아가 자신으로부터 떨어져나온 부분과 나누는 대화로 해석하는 것이다. 자살 직전의 상태에서 겨우 한 걸음 물러난 파우스트는 메피스토펠레스와 약속이 아니라 내기를 건다. 둘은 경험의 세계로 마법의 여행을 떠나기로 하는데, 인간의 끊임없는 지식욕을 상징하는 인물인 파우스트는 이 여행 동안 현실에 만족하여 미래를 포기한다면 자기 영혼을 메피스토펠레스에게 주겠노라고 말한다.

다들 아는 대로, 무의식은 내면에 고통을 안기거나 외부로 투사된다. 처음에 자살을 하고 싶을 만큼 깊은 우울에 빠져 있던 파우스트는 자신의 그림자 메피스토펠레스와 만남으로써 재생의 기회를 얻는다. 그러나 우선 그는 내면으로 들어가 1차 성인기 동안 억압되어 한쪽으로 치우친 자신의 모든 것을 경험해야만 한다.

이 과정에서 파우스트는 마르가레트라는 평범한 농부의 딸과 때늦게 만나 고통스러워한다. 마르가레트는 파우스트 내면의 여성성이자 본능적인 진실이며 즐거움인 자신의 아니마를 외부적으로 표상한 인물이다. 마르가레트는 세상이 다 알아주는 학자 파우스트가 자신에게 흠뻑 반했다는 사실에 충격을 받는다. 파우스트는 보통

신에 대한 애정을 표현하는 단어들로 마르가레트를 묘사한다. 이렇게 사춘기 소년 같은 열광적인 사랑은 파우스트가 지식을 획득하는 과정에서 아니마가 발달할 기회를 차단당했을 가능성을 시사한다. 파우스트와 마르가레트의 복잡한 연애는 결국 마르가레트가 제 손으로 어머니를 독살하고 파우스트의 손에 오빠를 잃어 자신의 정신까지 완전히 무너져버리는 끔찍한 결과를 낳는다. 죄책감에 사로잡힌 파우스트는 메피스토펠레스에 이끌려 더 넓은 세상으로 떠난다.[6]

표면적인 줄거리만 보면 마치 파우스트가 악역으로 등장하는 TV 드라마 같다. 실제로 파우스트는 순수와는 매우 거리가 먼 캐릭터로 마르가레트를 유혹하여 타락시켰다. 그러나 여기서 우리는 파우스트의 무의식 수준과 이것이 중년에 들어 일어나는 변화에 시사하는 바가 무엇인지에 주목해보자. 이렇게 보면《파우스트》는 지능을 주요 기능으로 발달시킨 대가로 자신의 그림자와 아니마를 희생한 한 인물에 대한 서사다. 아니마를 가로지르는 그림자의 주변부는 중년의 바람기가 종종 그렇듯 처참하기 그지없다. 우리 스스로 알고 있지 못한 사실이 자신은 물론 타인에게까지 상처를 입힌다. 파우스트는 비윤리적이었던 게 아니라 파괴적인 무의식을 지녔던 것이다.

한 인물을 구성하는 각 부분이 동시에 성숙한다고

믿을 이유는 없다. 서구사회는 핵폭탄을 터뜨리거나 의학으로 평균 수명을 늘릴 정도로 급성장했으나, 윤리적 성숙도는 과학기술에 한참 뒤처졌다. 마찬가지로 파우스트도 외부세계에서는 누구보다 성공적인 이력을 쌓을 수 있었지만 정작 내면의 삶은 돌보지 못했다. 무의식 속으로 억압된 아니마는 지성에 비해 거의 발달하지 못했으며, 이는 마르가레트가 보잘것없는 시골 소녀로 등장한 이유이기도 하다. 재생하고 싶다는 욕구는 초기에 마치 유사 종교 같은 형태를 취하며, 그동안 무시했던 여성적인 면을 의식 수준으로 끌어올리고자 한다. 진실로 필요한 것이 내면의 치유임을 깨닫기란 누구에게든 정말로 어려운 일이다. 외부세계에서 위안이나 만족을 찾는 편이 훨씬 더 쉽기 때문이다.

파우스트가 지닌 딜레마는 현대 미국 작가인 존 치버John Cheever의 작품 《시골 남편The Country Husband》을 연상시킨다. 이 소설에서 교외에서 평온하게 생활하던 한 사업가는 비행기 사고에서 살아남은 후 평온했던 생활이 송두리째 뒤집히고 만다. 죽음 가까이에 이르는 경험이 자신의 아니마를 각성시킨 것이다. 그는 아내와 친구들에게 퉁명스럽게 대하고, 사춘기 나이인 베이비시터와 사랑에 빠진다. 가까스로 찾아간 정신과 의사는 그에게 중년의 위기가 찾아왔다고 진단하고 취미를 가져볼 것을 권한다. 소설은 주인공이 지하실에서 나무를 다듬는 데 몰두하고 있는 장면에서 끝난다. 그의 내면에서 해결된 것은 아무것도 없었으며, 바뀌거나 통합된 것도 없었다. 세상은 습관처럼 변화 없이 계속될 뿐이다.

파우스트와 《시골 남편》의 주인공은 둘 다 중년에 와서 숨어 있던 우울증과 죽음의 공포로부터 공격을 받았으며, 젊은 여성을 만나 아니마를 치유하려 했다. 두 사람 다 고통을 받았으나, 그 본질에 다다르지는 못했다. 융이 말한 것처럼, 신경증은 "의미를 찾지 못한 무언가로 인해 고통받는 일"이다. 우리가 중년에 들어 지켜야 할 약속에는 고통을 겪는 동시에 그 의미를 탐색하는 일까지를 포함한다. 그래야만 성장할 수 있다.

《보바리 부인》의 주인공 엠마 보바리 역시 시골 소녀다. 의사인 샤를 보바리를 만난 엠마는 농장을 탈출해 그가 사는 마을로 가려고 그와 결혼한다. 꿈꾸는 삶을 결혼에 투사해서 뻔한 일상에서 벗어나려는 것이다. 그러나 결혼한 지 얼마 지나지 않아 엠마는 임신을 하고 평범한 남편에게 질려버린다. 가톨릭이 지배하던 19세기 프랑스에서는 낙태도 이혼도 할 수 없었을 뿐 아니라, 몇십 년이 지나 입센의 희곡에서 노라가 그랬듯 환경에 반항하여 뛰쳐나오는 일 역시 불가능했다. 요즘에 우리가 TV 드라마를 보는 것처럼, 엠마는 연애소설을 읽으며 자신을 시시한 삶에서 구출해 똑똑한 사람들이 있는 곳으로 데려다줄 연인을 꿈꾼다. 남편 샤를을 부추겨 복잡한 수술을 맡게 해 끔찍한 결과를 보게 하고, 이런저런 남자들과 바람을 피우는 한편, 동경하던 사치스러운 생활을 영위하기 위해 빚을 진다. 엠마의 아니무스 발달을 보면, 처음에는 샤를에게 투사됐다가 이후 낭만적 구원이라는 환상 속에 이 남자 저 남자를 오간다. 파우스트와 마찬가지로 보바리 부인도 자신의 내면을 먼저 손봐야 한다는 사실을 알지 못한 채 자신의 한계를 초월하고자 한 것이다.

무의식 영역이 넓어질수록 투사 또한 커진다. 엠마의 삶 속에서 투사는 점점 거대해졌지만, 그중 어느 것도 만족스러운 결과로 이어지지 않았다. 심지어 바람을 피우면서도 "결혼생활의 모든 진부함"[7]을 경험한다. 결국 엠마는 연인들로부터 버림받고 파산 직전에 몰린 데다가 꿈꾸던 남자를 만나지 못했다는 절망감까지 겹쳐 스스로 목숨을 끊는다. 그녀가 읽던 연애소설에는 여주인공이 천사들의 호위를 받으며 천상의 음악소리에 맞춰 천국을 향해 가는 모습이 등장하곤 했다. 이제 엠마는 스스로 극약을 먹고 최후의 승천, 최후의 투사를 맞이한다. 플로베르의 묘사는 잔인할 만큼 현실적이다. "8시 정각에 구토가 시작됐다."[8] 엠마의 눈에 마지막으로 보인 모습은 행복이 넘치는 풍경이 아니라 어느 맹인의 얼굴이었다. 그는 엠마가 밀회를 약속한 장소로 가던 길에 지나친 적이 있는 걸인이었는데, 이는 엠마 내면의 남성인 아니무스가 눈이 먼 상태였음을 상징한다.

파우스트도 엠마도 악한 인물이 아니다. 자신이 살지 못한 삶을 향한 욕구 때문에 잘못된 선택을 했을 뿐이다. 스스로가 추구하는 대상이 결국에는 자신 안에 있음을 깨닫지 못했기 때문에 이들은 자신의 성별과 반대되는 내면의 존재를 외부 인물에 투사했다. 위대한 예술가가 독특하게 창조한 이야기이지만, 파우스트와 엠마가 중간항로에서 보이는 특징은 우리 모두에게도 공통적으로 나타난다.

도스토옙스키Fyodor Dostoevsky의 소설 《지하생활자의 수기Notes from Underground》에서는 중년이 조금 다른 방식으로 그림자와 마주한다. 1864년에 출간된 이 소설은 진보 숭배, 사회개량론meliorism, 이성의 능력으로 세계의 모든 걱정거리를 없애버릴 수 있다는 순진한 낙관주의에 대한 비판으로 등장했다. 이 작품은 현대의 시대정신을 분석했을 뿐만 아니라, 그림자와의 만남도 대단히 흥미롭게 묘사한다. 내면의 어둠을 도스토옙스키처럼 정직하면서도 깊이 있게 묘사한 작가는 거의 없을 것이다.

《지하생활자의 수기》는 빅토리아 시대 문학의 영향을 받은 전형적인 묘사와는 사뭇 다르게 시적인 서술로 시작된다. "나는 병든 인간이다……. 심술궂은 인간이다……. 그러나 내 병에 대해 나는 빌어먹을, 단 한 가지도 이해하지 못한다. 나를 아프게 하는 게 무엇인지조차 실은 분명치 않다." 이 익명의 화자는 자기애에 가득 찬 독백을 읊조린다. "그렇다면, 제대로 된 사람은 무슨 이야기를 가장 하고 싶어할까? 물론 자기 자신 이야기다. 그러니 나도 내 이야기를 해보려 한다." 다음 장부터 이 주인공은 자신의 공포, 투사, 분노, 질투 등 우리가 보통은 부정하기 일쑤인 지극히 인간적인 특징에 대해 이야기하며 약삭빠르게도 이런 말을 덧붙인다. "사람들은 자신의 결점을 자랑스러워한다. 나는 아마 어느 누구보다도 더 그럴지 모른다."[9]

이 소설은 우리 모두가 1차 성인기에 하는 행동이 삶의 상처에 반응하는 것임을 분명히 보여준다. 우리는 그 상처에서 비롯된 일련의 행위를 저지르며, 스스로의 온전하지 못한 시야에 당위를 부여하고 이를 정당화하며 살아간다. 독자는 주인공을 좀 더 제대로 바라보고 싶어하는데, 이는 주인공의 자기비하가 우리 모두에게도 해당되기 때문이다. 그러나 주인공의 말을 빌리면, "나처럼 뚜렷한 인식을 가진 사람이 과연 자신을 존중할 수 있을까?"[10] 주인공은 인간을 다음과 같이 정의한다. "배은 망덕한 두발짐승. 하지만 인간의 진정한 약점은 배은망 덕한 성격이 아니라 고질적인 사악함이다."[11]

《지하생활자의 수기》의 주인공은 독자가 자신을 사 랑스럽거나 용서받을 수 있는 인물로 보는 것을 거부하 며, 자신이나 독자를 곤경에서 벗어나도록 하지도 않는 다. 절대 즐겁게 읽을 수 없는 주인공이 자신을 분석하는 대목에서 그는 마치 미래의 문학사조를 내다보기라도 하 듯 자신을 최초의 안티히어로antihero라고 부른다.[12] 자신 의 영웅적인 사악함과 직설법을 통해 그는 독자에게 비 슷한 방식으로 자신을 분석할 수밖에 없게 만든다. 그러 고는 이렇게 충고한다.

> 당신이 자신의 소심함을 사려 깊은 것으로 착각 하여 거기에 만족하는 까닭에 감히 절반도 채 밀 어붙이지 못한 걸 나는 끝까지 끌고 갔을 뿐이다. 결국은 당신보다 내가 더 살아 있는 것인지도 모 른다.[13]

카프카는 일찍이 위대한 소설작품은 우리 안에 얼 어붙어 있는 바다를 깨부수는 '도끼'와 같아야 한다고 썼다.[14] 《지하생활자의 수기》가 바로 그런 작품이다. 이 소설의 문학적 가치에 여전히 의문을 제기하며 얄팍한 낙관주의의 시대에 경종을 울렸다는 사실에 더 가치를 두는 이도 있다. 그러나 이 작품을 중년에 들어서 자신과의 약속을 지키기 위해 애쓰는 한 사람의 노력으로 해석할 수도 있다. 너대니얼 호손Nathaniel Hawthorne에서 허먼 멜빌Herman Melville, 애드거 앨런 포Edgar Allan Poe, 마크 트웨인Mark Twain, 그리고 《지킬 박사와 하이드》를 쓴 로버트 루이스 스티븐슨Robert Louis Stevenson에 이르기까지, 그림자와의 만남은 문학에서 그렇게 드물지 않다. 그러나 도스토옙스키는 우리를 그 핵심부까지 이끌어, 자신이 그렇게나 오래 숨기고자 했던 모자란 부분을 숨김없이 묘사한다. 파우스트와 엠마 보바리 이야기에서 볼 수 있는 것처럼, 깊숙이 드리운 그림자는 우리가 아무리 억누르고 갈기갈기 찢어 없애버리려 애써도 투사와 위험한 행동을 통해 뚫고 나온다.

자신의 그림자와 대면하는 일은 고통스러울지도 모르지만 우리를 스스로의 인간적 면모와 다시 연결시켜준다. 그림자에는 삶의 원초적 에너지가 들어 있으며, 이를 제대로 다루기만 하면 자신을 변화시켜 새롭게 태어날 수 있다. 자기애를 유용한 방향으로 되돌리는 게 분명 쉬운 일은 아니나, 적어도 자기애를 억제하여 다른 사람이 상처를 입지 않게 만들 수는 있다. 도스토옙스키와 동시대 인물인 샤를 보들레르Charles Baudelaire의 표현을 빌리면, 지하생활자는 "나와 같은 자, 나의 형제"[15]다.

자신의 보카투스, 즉 내면의 목소리가 예술 쪽인 사람은 의식적으로든 무의식적으로든 자신의 신화를 계속 갈고 닦는다. 예를 들어 위대한 시인 예이츠W. B. Yeats는 수없이 많은 자기변형을 거쳤다. 몇몇 친구는 이전 작품에 익숙해진다 싶으면 전혀 새로운 작품이 나온다며 한 번씩 예이츠에게 불평하기도 했을 것이다. 예이츠의 반응은 이랬다.

> 내가 시를 새로 고쳐 쓸 때마다
> 친구들은 말하네, 그건 잘못이라고.
> 그러나 무엇이 문제인지 알아야 하지.
> 내가 고쳐 쓰는 건 나 자신임을.[16]

예이츠의 뒤를 이어 자신의 개인적 신화를 고쳐 쓰고자 의식적으로 노력하며 활동하는 현대 시인 세 명이 있다. '왕관과 교회'로 상징되는 군주와 종교라는 중세의 단단한 신화가 쇠락하면서 개인은 황무지에서 자신의 길을 스스로 헤쳐나가야 하는 신세가 됐다. 현대예술은 여기저기에서 여전히 잘 맞는 상징들의 외투를 선택하려는 욕구의 표명이지만, 그 목적은 주로 개인적 경험으로부터 의미를 찾아내는 것이다. 오늘날의 예술가가 과거의 영적인 원천을 이용할 수 없다면, 파편투성이인 자신의 역사 위에 영혼의 좌표를 그려야 할 것이다. 이 파편에서 일반적으로 가장 중요한 것은 자신의 환경이면서 사회화의 근원인 부모다. 우리는 앞 장에서 스티븐 던의 시 작품을 통해 부모 콤플렉스를 살펴봤다. 자신이 지닌 기억의 창고를 뒤져 퍼즐 조각을 맞추듯 일관성 있는 자아를 꾸리려 시도하는 현대 미국 시인 세 명은 바로 시어도어 로스케Theodore Roethke, 리처드 휴고Richard Hugo, 다이앤 와코스키Diane Wakoski다.

지금까지 살펴보았듯, 우리의 가장 강력한 욕구 두 가지는 양육과 힘을 얻는 일로, 이는 우리가 삶의 목표를 이룰 수 있도록 삶이 우리에게 봉사하며 우리를 구원해준다는 느낌을 의미한다. 시어도어 로스케는 미시건주 새기노에서 어린 시절을 보냈는데, 그의 아버지는 이곳에 비닐하우스를 한 동 갖고 있었다. 이 비닐하우스는 로스케의 작품 여러 편에 배경으로 등장한다. 자신이 생활하던 곳일 뿐만 아니라 말 그대로 '초록의 세계'라는 낙원 같은 기억을 표상하기 때문이다. 부모 같은 존재들은 양육해주고 힘을 얻게 해주는 원형적 힘을 전파하는 매개체다. 부모가 이런 거대한 힘을 잘 지니고 있다가 전달할 때, 이 힘은 아이의 마음속에서 작동한다. 부모가 이 힘을 발견하지 못할 경우, 아이는 대용물을 통해 이를 추구한다. 아래에 소개하는 작품에서 로스케는 오랜 시간이 흐른 뒤 아버지가 고용한 일꾼 세 명이 어린 시절 자신의 원형적 욕구를 충족시킬 수 있게 도와주었다고 회상한다.

비닐하우스 사다리 위에서 삐걱대며 일하던
나이 먹은 세 여인은 이미 떠나갔도다,
하얀 끈을 치켜올려
스위트피의 덩굴손, 청가시덩굴,
금련화, 장미덩굴을 감으려,
카네이션, 붉은 국화를
세우려, 옥수수마냥
나란히 늘어선 뻣뻣한 줄기를
한 더미로 묶었다,
다른 무엇이 아닌, 바로 우리 온실을 돌보던.
새보다도 빠르게, 여인들은 손을 집어넣어
먼지를 걸러냈다.
물을 뿌리고 털어냈다.
파이프에 걸터앉아,
치마가 텐트마냥 펄럭이며,
물기에 젖은 손이 반짝이며,

마치 마녀처럼 그들은 밧줄 사이를 오가며
생명체들을 보살폈다.
덩굴을 바늘 삼아
그 줄기를 가지고 공기를 기웠다.
추위로 잠들어 있던 씨앗을 꺼냈다.
둘둘 말려 있던 모든 것을
햇볕 아래 격자처럼 늘어세웠다. 꾸미기라도 한
것처럼 땅을 나눴다.

여인들이 가냘픈 나를 들어올리던 모습을 기억한
다,
내가 그 무르팍에
강아지처럼 연약하게 웃으며 드러누울 때까지
여윈 옆구리를 꼬집고 찌르며 장난치던 모습을.
이제 춥고 외로이 침대에 누워 있는 내 위로
그 여인들이 나타나 떠돈다.
가죽 옷을 입은 쭈그렁 할머니들,
땀에 젖어 뻣뻣해진 두건을 쓰고
가시에 찔려 상처 입은 손목과
코담배 냄새 깃든 숨결이 첫잠에 빠진
내 위를 가벼이 떠돈다.[17]

마치 호박석 안에 갇혀 굳어버린 파리처럼, 이 세 여인은 여전히 시인의 내면아이를 양육하고 있다. 이들은 자신의 일을 하면서 아이이던 시인을 돌봐줌으로써, 이후 시인이 우울증 및 상실감과 싸우던 힘든 시기에도 자신의 정신 속에 신전과 같은 성스러운 영역을 지닐 수 있게 해주었다. 이들은 단순한 일꾼이 아니라, 식물이든 아이든 자라나는 모든 걸 돌봐주는 간호사였다. 흩날리는 치마, 마녀와도 같은 움직임, 땀에 젖어 뻣뻣해진 두건, 가시에 찔려 상처난 손목, 코담배 냄새가 깃든 숨결 등 그 모든 일상적인 것이 시인의 기억 속에서 경이로움으로 다시 살아난다. 지금 시인은 힘들고 외롭고 춥지만, 자신을 키워주던 회복greening의 시간과 다시 이어졌다. 그 기억으로 굶주린 영혼을 지탱하고 돌보기까지 하는 것이다. 그렇게 삶이 자신을 지탱해주었던 시간과 연결됨으로써, 우리가 마흔이 되어 삶의 거대함, 살아가는 여정의 외로움과 맞닥뜨릴 때 그 충격을 일부나마 완화시킬 수 있다.

리처드 휴고의 시에서는 이런 초록빛 추억을 찾기가 좀 더 힘들다.

이름이 젠슨이었던 거, 기억날 거야. 나이 들어
보이던 그녀는

언제나 집에 혼자 있었고, 그림자진 잿빛 얼굴은
창을 향해 있었지.
편지는 오지 않았네. 두 블록 지나, 그룹스키 씨
가족은
정신이 나가버렸지. 조지는 엉망진창으로 트럼본
을 불었고
부활절이면 깃발을 내걸었지. 들장미를 보니 기
억날 거야,
도로는 비포장이었어. 자갈투성이에 텅 빈.
빈곤은 현실, 지갑도 영혼도,
하루하루가 교회처럼 느리기만 했네. 모퉁이에
뻔한 교회 신도들,
기억날 거야. 별을 보며 믿음을 부르짖던, 그리고
난폭하던 홀리 롤러스, 해마다 난폭한 노래를 부
른답시고
농장을 전세냈고, 그 농장은 네가 전쟁에서 돌아
왔을 땐
이미 불타 사라진 후였지.
네가 알던 이들이 이미 죽었다는 사실에,
길이 포장도로로 바뀌었으니 그래도 나아진 거라
믿고 싶어하지.
네가 없을 때 이사온 이웃들은, 잘생기고,

개들도 잘 먹여 키우지. 그래도 넌 기억해야 해
잡초투성이 그 공터들을.
잘 깎인 잔디를 보면 생각날 거야,
어느 날 네 아내가 타고 영원히 떠나간 그 기차,
어느 텅 빈 먼 마을,
기억조차 못할 이상한 이름. 시각은 6:23.
날짜는 10월 9일. 연도는 아직도 흐릿해.
네 실패를 넌 이 동네 탓으로 돌리지.
희미하게 떠오르는 기억, 그룹스키 씨 가족은 널 욕했어,
돌이킬 수 없을 정도로. 그러니 다시 한바탕 해야지.
그리고 젠슨 부인은 여전히 창백한 얼굴을 창문에 대고,
잘 지나가는 차들 너머로 끔찍한 음악소리를 들어야 하지.
네가 사랑했던 모든 것, 여전히 그대로야. 할 일도,
돈도, 의지도 없이. 사랑했지. 그리고 그들의 병이던 그 우울함을
넌 여분의 음식처럼 지니고 다니지.
길을 잃고 어느 이상한 텅 빈 마을에 들어서

친구로 삼을 배고픈 연인들과, 접촉이 필요하
다면
그들이 꾸린 비밀 모임에서 넌 환영이야.[18]

휴고는 지갑의 빈곤함과 영혼의 빈곤함이 함께하
던 비열한 거리에서 어린 시절을 보냈다. 유년기가 느린
듯하면서도 빨리 지나가버려 그 후에 벌어진 변화는 설
명하기 힘들어 보인다. 삶은 발전하고, 도로는 포장됐다.
잔디는 말끔하고 애완동물도 잘 먹여 키우게 됐다. 친척
들, 그리고 친척이지만 친절하지는 않은 사람들이 왔다
가 떠나가고, 이 모두에서 의미를 찾으려는 마음만이 유
일하게 계속 남아 있다. 시인이 느끼기론 어린 시절을 보
낸 장소, 즉 동네 자체가 모든 걸 움직이는 것 같다.
시인이 생각하기에 자신의 삶이 실패라면, 그 시작
점은 어린 시절의 약속을 저버린 것과 연관되어 있다. 그
러나 로스케와 마찬가지로 휴고는 어두운 시절이면 출발
점으로 되돌아가 자신이 누구인지, 그리고 자신의 삶이
무엇인지에 대한 단서를 얻으려 한다. 지금도 "그들의
병이던 그 우울함을 / 넌 여분의 음식처럼 지니고" 다닌
다. 자원이 충분하지 않다면 우리는 미지를 향한 먼 여행
에 나서려 하지 않을 것이다. 친구도 연인도 각자의 인생
여정이 있으며 그중 우리와 함께할 수 있는 구간은 일부

뿐임을 알기에, 시인은 추억의 파편을 영혼의 양식으로 지니고 다닐 수밖에 없다.

휴고와 로스케는 둘 다 휴고의 시 마지막 연에 묘사된 '비밀 모임'의 일원이다. 이 모임은 자원을 다 써버렸기에 삶을 재정비해야 하는 사람들을 위한 곳이다. 제임스 힐먼James Hillman(20세기 미국 분석심리학자 – 옮긴이)은 일찍이 모든 역사적 사례는 허구라고 지적했다.[19] 누군가의 삶에 관한 이런저런 사실보다는 우리가 이를 어떻게 기억하고 우리 내면에 저장하여 이로부터 힘을 얻는지, 또는 어떻게 이를 이용할 수 있는지가 훨씬 더 중요하다는 의미다.

우리의 무의식은 밤마다 일상의 파편을 뒤흔들며 신화를 만든다. 마찬가지로 기억은 우리를 유년기 시절에 묶어놓거나 때로 우리를 기만하기도 한다. 문학을 통해서든 상상을 통해서든, 유년기의 장면으로 돌아가보는 일은 우리에게 그 당시에 현실이라 생각하던 것들과 어른스럽게 관계를 맺을 수 있게 해준다. 초등학교 3학년 때 교실을 돌이켜보자. 당시에는 무척 크기만 했던 책상, 고압적으로 넓은 복도, 끝없이 커 보이던 운동장, 이 모두가 시간이 흐른 지금은 기억에서도 그에 비례하여 실제의 크기로 줄어들어 있을 것이다. 이와 마찬가지로, 내면아이를 붙잡고 있으면서도 기억이 주는 거대한 고통이나 쾌락을 성인의 힘과 지식으로 다시 꾸려낼 수 있다면 과거의 트라우마 역시 자신 속에 동화시킬 수 있다.

중간항로로 들어서기 위한 전제조건은 딱 하나다. 우리는 자신이 누구인지 모르고 있다는 사실을, 엄마나 아빠처럼 우리를 구원해줄 사람은 없다는 사실을, 그리고 우리와 생의 여로를 함께하는 동료들은 자신의 길을 알아서 스스로 잘 개척할 거라는 사실을 깨달아야 한다. 중간항로라는 중요한 기로에 섰음을 인정하고 나면, 자신의 삶을 구성하는 씨실과 날실을 스스로 살펴 과거와 지금을 잇는 실이 무엇인지 찾아낼 수 있을 것이다.

다이앤 와코스키는 과거에서 녹아버린 자신의 이미지를 분석함으로써 자신이 누구인지 탐색하려 한다.

몸에 딱 맞게 맞춘 실크 블라우스를 입은 여동생
이 내게 건넨다
해군 제복에 흰 모자를 쓴
아빠의 사진을.
나는 말한다. "어, 이거 엄마가 서랍에 넣어뒀던
　　사진이잖아."

여동생은 정색하고 엄마를 흘깃 본다,
누더기 자루마냥 낡고 슬픈, 구멍도 찢긴 자국도

없지만

구세군 매트리스마냥 땅딸막하고 볼품없는 여인,

그러고는 대답한다. "아냐."

난 다시 사진을 살펴보다

아빠가 끼고 있는 결혼반지에 시선이 쏠린다.

엄마랑 살던 시절에

아빠는 반지를 낀 적이 없다. 반지에는 문구가 하
　　나 새겨져 있다.

"내 소중한 아내에게,

사랑하는

남편이"

그리고 난 깨닫는다. 이 사진은 아빠가 엄마를 떠
　　나 결혼한

두 번째 부인 것임을.

엄마는 말한다, 아무도 살지 않는 노스다코타주
　　지역을 모두 모아놓은 것마냥

표정 없는 얼굴로,

"나도 좀 봐도 되겠니?"

엄마가 사진을 본다.

난 맞춤옷을 입은 여동생을,

그리고 청바지를 걸친 나 자신을 바라본다. 우린
    엄마에게

상처를 주고 싶었던 것일까,

내가 가족과 시간을 같이 보내는 몇 안 되는 날에

하필 이런 사진을 나눠 봐서? 엄마 얼굴은 신기하
    게도 무언가에 사로잡혀 보인다.

언제나처럼 독사 같은 음흉함이 아니라,

말조차 할 수 없을 정도로 깊숙이 자리잡은 그 무
    언가에.

난 눈길을 돌리며 이제 가봐야 한다고 말한다, 친
    구들이랑

저녁 약속이 있어서.

하지만 파사데나에서 휘티어까지 운전하는 내내,

난 엄마의 얼굴을 생각한다, 얼마나 엄마를 사랑
    할 수 없었는지,

아빠 역시 얼마나

엄마를 사랑할 수 없었는지. 그러나 나 역시 그
    볼품없는 몸뚱이를

불독같이 넓은 턱에 무표정한 얼굴을

물려받았음을 안다.

운전하는 동안, 그 얼굴을 떠올린다.
나를 시라는 세계로 이끌어준 제퍼스의 '메데이
　아'*
난 내 아이들을 죽였다,
하지만 고속도로에서 차선을 바꾸느라
백미러를 바라보면
그 얼굴이 보인다.
귀신도 아니면서, 사랑하는 이의 지갑 속에 있는
　사진마냥
언제나 나와 함께하는 그 얼굴이.

나는 내 운명을 증오한다.[20]

　망각이라는 진통제와 달리, 사진은 무의식으로부터 기억을 환기시킨다. 세 여성, 즉 엄마, 여동생, 그리고 시인은 옛날 사진이라는 매개물을 통해 한데 모인다. 그 표면 아래에는 오래 묵은 상처와 긴장이 웅크리고 있다. 마치 아이가 얼음이 언 연못 위를 걷듯 시인은 과거와 현

* 20세기 미국 시인 제퍼스(Robinson Jeffers)의 대표작. 메데이아는 그리스신화에 나오는 마녀. 이아손이 황금 양털을 손에 넣도록 도와주고 그와 결혼했지만, 이아손이 자신을 배신하려 하자 두 아들을 제 손으로 죽여 이아손에게 복수했다 - 옮긴이.

재 사이를 미끄러져간다. 무엇이 기억하는 그대로이며 무엇이 기억을 배신할지 알 수 없지만, 어쨌든 시간을 가로질러 가야 한다. 다른 작품에서 와코스키는 조지 워싱턴을 자신의 아버지로 '입양한' 기억에 관해 이야기한다. 실제 자신의 아버지는 "30년 동안 해군 상사로 / 언제나 집에서 멀리 떨어져 있었"[21]기 때문이다. 와코스키는 현재 지폐에 그려져 있고, 자신의 기억에도 남아 있는 과거의 역사적 인물을 입양하기로 했다. 그 이유를 시에서 이렇게 묘사한다. "아버지가 지금의 나를 만들었네, / 외로운 여인, / 목적도 없이, / 마치 아빠 없이 외롭던 / 어린 시절 나처럼."[22]

휴고가 서술하는 어린 시절 동네의 경험처럼, 와코스키가 경험한 어머니는 구세군에서 나눠주는 매트리스 같고 노스다코타주처럼 텅 비었으며 독사처럼 음흉하다. 맞춤옷을 입은 시인의 여동생은 "청바지를 걸친 자신"과 대조를 이룬다. 차를 몰고 돌아가는 동안, 시인은 자신이 혼자라는 것을 깨닫는다. 해군 상사인 아빠, 엄마, 여동생, 그리고 시인 자신 모두가 혼자다. 온실에서 일하는 늙은 일꾼 세 명에게서 자양분을 얻을 수 있었던 로스케나 잿빛 우울함마저도 홀짝이며 먹을 수 있던 휴고와 달리, 와코스키는 사진 속 인물이나 지나간 과거에서 힘도 안식도 얻을 수 없다는 사실을 잘 알고 있다. 와코스키는 자신도 해군 상사 아빠도 엄마를 사랑할 수 없었다고 털어놓는다. 그러나 자신은 차 백미러에 비친 자신의 이미지에 어머니의 이마고imago(라틴어로 '이미지'라는 뜻이며, 우리 마음속에 자리잡고 있는 생각을 말한다 - 옮긴이)를 여전히 지니고 있다. 와코스키는 파사데나에서 휘티어로, 그리고 그 너머의 잡다한 영혼의 세계로 여행하지만, 각인된 어머니의 시선이 언제나 자신을 바라보고 있다.

시에 등장하는 또 다른 저주받은 비극의 여인 메데이아와 마찬가지로, 와코스키는 자신 내면의 잠재성을 죽여버렸다. 상처받은 자아상을 가지고 자신의 삶을 창조했다. 과거의 파사데나에서 벗어나려 노력할수록 자신 속으로 더 깊숙이 파고들었을 뿐이다. 그리하여 시인은 이렇게 결론 내린다. "나는 운명을 증오한다."

고대 그리스 비극 작가들이 2,500년 전에 그랬듯이 여기서 우리는 숙명fate과 운명destiny을 구분할 필요가 있다. 물론 시인도 그 부모도 서로를 선택한 게 아니다. 그러나 이들 모두는 자신의 시공간이 교차하면서 빚어진 운명으로 인해 고통받는 동시에 서로를 상처 입힌다. 이 상처에서 우리는 자신의 연약한 내면아이를 보호하기 위해 일군의 행동과 태도의 조합을 만들어낸다. 이 조합은 세월이 지나면서 더욱 강화되며 후천적 성격인 '거짓된 자기false self'가 된다. 와코스키는 자신의 동력이 어디서

왔는지를 파악하기 위해 자신의 뿌리를 제대로 찾아온다. 그러나 그 뿌리가 자신을 배척한다. 백미러에서 자신을 바라보는 것은 자신도 해군 상사 아빠도 사랑할 수 없었던 바로 그 여인의 얼굴이기 때문이다. 자신이 사랑할 수 없는 무언가의 반영에 불과하다면, 자신을 사랑하기란 불가능하다. 하지만 운명은 숙명과 다르다. 운명은 자신의 잠재력, 그리고 타고났지만 그 결실을 맺을 수도 맺지 못할 수도 있는 가능성을 뜻한다. 운명에는 선택이 따른다. 선택 없는 운명은 숙명의 복제품에 불과하다. 자신이 혐오하는 현재 모습을 극복하기 위한 노력은 오히려 혐오하고 버리려 하는 것에 자신을 얽어매는 결과를 낳는다. 시인이 자신을 어머니의 딸이라고 정의한다면, 자신의 숙명에 묶일 뿐이다. 그 굴레를 벗어나야 운명을 극복할 희망을 얻을 수 있다. 반면 이 시를 탄생할 수 있게 만든 시인 고유의 자기분석은 운명을 현실로 만들기 위해 필요한 의식적 행동과 개인의 책임을 뜻한다.

의식 수준으로 끌어올리려는 고통스러운 노력이 없다면 우리 정체성의 근원에는 과거의 상처밖에 남아 있지 않을 것이다. 실비아 플라스는 유명한 자전적 고백시 〈아빠Daddy〉에서 교수였던 아버지가 칠판 옆에 서 있는 모습을 회상하다 갑자기 아버지를 "내 예쁜 붉은 심장을 깨물어 둘로 갈라버린" 악마로 묘사한다. 그러고는 이렇게 덧붙인다. "스무 살, 난 죽으려 했죠 / 그리고 계속, 계속, 계속 당신에게 돌아왔어요."[23]

플라스의 아버지가 저지른 죄는 그녀가 10세 때, 그러니까 자신의 아니무스가 어머니에 대한 종속에서 스스로를 해방시키기 전에 세상을 떠났다는 것이다. 와코스키의 경우와 마찬가지로 아버지가 떠나는 바람에 플라스는 어머니와 남겨졌으며, 상처를 받은 그 시점에 머물러 있게 됐다. 플라스가 지닌 분노와 자기혐오는 세상을 떠날 때까지 그녀를 계속 옭아맸다. 과거의 상처로 스스로의 정체성을 규정한다면, 자신에게 상처를 준 사람과 비슷해 보인다는 이유로 거울 속 자신의 모습을 혐오하며, 과거에서 벗어나지 못했다는 이유로 자신을 혐오할 수밖에 없다.

예술가는 자신의 생애 이력보다는 보편적인 것을 표현하는 능력으로 우리에게 교훈을 준다. 프랑스의 시인 아폴리네르Guillaume Apollinaire는 "추억은 바람에 날려 사그라드는 사냥꾼의 나팔소리"[24]라고 묘사했다. 삶의 약력은 덫과 같다. 우리를 속여 결국 겉으로는 사실처럼 보이는 과거와 상처로 정의된 운명에 묶이도록 유혹한다.

중간항로의 비밀 모임은 더욱 거대한 의식의 세계와 더 넓어진 선택의 가능성으로 우리를 초대한다. 그 초대를 받아들이면 타인과 우리 자신을 용서하여 과거로부터 해방될 수 있는 더 큰 기회를 잡을 수 있다. 내 안의 신화에 더욱 의식적으로 접근하지 않는다면, 우리는 과거 우리에게 일어난 일들의 총합 수준에 머무르고 말 것이다.

5. 진정한 치유는 자기 자신이 되는 것이다

개성화, 융이 말하는 우리 시대의 신화

중간항로를 거치는 일은, 항구 하나 보이지 않는 먼 바다에서 기울어가는 배 안에 혼자 있는 나를 깨닫는 각성의 과정과 같다. 이런 상황에서 우리는 그대로 잠을 청하거나, 배에서 탈출하거나, 키를 잡고 항해를 계속할 수밖에 없다.

선택해야 하는 순간, 우리의 영혼은 반드시 강렬한 모험을 해야 한다. 키를 잡고 항해를 계속하기로 한다면, 이는 아무리 무섭거나 외롭고 불공평해 보일지라도 인생이라는 여행에서 스스로 책임을 진다는 뜻이다. 그러지 않는다면 우리는 1차 성인기에서, 그리고 현재 자신의 성격을 구성하는 신경증적 혐오에서 벗어날 수 없으며, 결국 자기소외에 빠지고 만다. 사람들에게 둘러싸여 있어도 자신이 혼자라고 자각할 수 있고, 영혼의 여행이 보내는 손짓을 긍정하며 받아들일 수 있을 때 우리는 가장 정직하고 더욱 성실하게 생활할 수 있다. 크리스토퍼 프라이Christopher Fry(20세기 영국 극작가 – 옮긴이)의 희곡에 등장하는 한 인물의 말을 빌리면 이런 순간이다. "이제

모든 것이 제대로soul-sized 돌아왔도다, 신이시여 감사합
니다!"[1]

융은 자서전에서 다음과 같이 말했다.

나는 사람들이 인생에 관한 질문에 부적절하거나
틀린 대답을 내놓고 그에 만족할 때 신경증적으
로 변하는 걸 자주 봤다. 이들은 지위·결혼·평판
·외부에서의 성공·돈 등을 추구하지만, 이를 실
제로 손에 넣고 나서도 여전히 불행하거나 신경
증에 시달린다. 이런 사람들은 보통 너무 좁은 영
혼의 지평에 갇혀 있다. 삶에 내용물이나 의미가
충분하지 않다. 스스로의 인격을 더 넓혀야 신경
증은 점차 사라진다.[2]

융이 지적하는 내용은 중요하다. 우리 모두는 자신
의 시공간과 개인사에 한정된 좁디좁은 삶을 살아왔기
때문에 더욱 풍요로운 삶을 영위하기 위해서는 우리가
성장한 배경에 한계가 있다고 이해해야 한다. 서구문화
에는 물질주의·자기도취·쾌락주의가 우리를 행복으로
이끌 것이라는 전제가 깔려 있지만, 이 믿음은 분명히 무
너졌다. 이런 가치를 수용한 사람들이 행복하거나 온전
해지지 않았기 때문이다. 우리에게는 검증되지 않은 '진

실'이 아니라 살아 있는 신화, 즉 영혼의 에너지를 우리 자신의 본질과 일치하는 방향으로 이끌어주는 가치구조가 필요하다. 과거의 잔해 속을 더듬어 개인으로서의 우리에게 메시지를 던지는 이미지를 찾아내는 일도 유용하지만, 이런 식으로는 자신과 다른 시공으로부터 온 다양한 신화를 총체적으로 포용하기 어렵다. 필요한 신화를 순전히 혼자서 찾아내야 하기 때문이다.

나아갈 길을 분명히 찾아야 하지만, 여기에는 큰 장애물이 몇 가지 있다. 중년에 일어나는 전환기 증상의 특징을 잠시 검토해보자. 지루함, 직장이나 관계를 계속 갈아치우는 일, 약물 남용, 자해적 생각이나 행동, 바람피우기, 우울증, 불안장애, 점점 커지는 강박 증상을 들 수 있다. 이들 증상의 배후에는 두 가지 근본적 진실이 숨어 있다. 첫 번째는 거대한 힘이 아래로부터 압박을 가하고 있다는 것이다. 이 힘은 너무 위급하여 파괴력을 갖는다. 이를 인정하면 불안장애로, 그리고 억압할 경우 우울증으로 발전한다. 두 번째 진실은 내면의 급박함을 저지하기 위해 같은 대처 유형을 반복해 사용할수록 효율은 줄고 불안감은 늘어난다는 것이다. 새 직업을 얻거나 새 연인을 사귄다고 해서 자신에 대한 인식이 장기적으로 바뀌지는 않는다. 내면의 압박이 커지면 지금까지 사용한 전략으로는 점점 억누르기 힘들어지고 자아의 위기가 폭발한다. 사회에서의 역할과 정신의 반사작용을 빼고 나면 내가 누구인지 정말로 모르게 된다. 또한 이 압박을 완화하려면 어떻게 해야 할지도 알 수 없는 상황에 이른다.

이런 증상은 우리에게 삶에 근본적 변화가 필요하다는 사실을 알려준다. 고통은 의식을 일깨우고, 새로운 의식에서 새로운 삶이 따라온다. 구원도 없고, 상황을 타개해줄 부모도 없으며, 예전으로 돌아갈 방법도 없음을 먼저 인정해야 하기에 성가신 일임엔 틀림없다. '자기'는 이미 지쳐버린 자아의 전략을 완전 소진하여 성장을 꾀한다. 개인이 힘들게 일군 자아의 구조는 이제 의미도 없고 겁에 질려 아무 해결책도 내놓지 못하는 애물단지로 전락해버렸다. 중년에 들어선 자기는 경로를 수정하기 위해 자아의 조합을 일부러 위기로 몰아넣는다.

중간항로의 특징을 대표하는 이들 증상 속에는 외부세계의 누구 또는 어떤 것이 자신을 구원해줄 것이라는 믿음이 숨어 있다. 하지만 매우 아쉽게도, 가라앉는 배 안에 있는 마흔 살 선원에게 그런 구명도구가 없다. 우리는 지금 무엇보다 영혼의 해일에 휩싸인 상태이며, 스스로의 힘으로 여기서 헤엄쳐 나와야 한다. 그리고 진실은 단순하다. '해답은 모두 우리 안에서 나온다.' 이 진실을 자신의 삶과 나란히 놓을 수만 있다면, 세상과의 갈등이 아무리 힘들다 해도 우리는 치유와 희망, 그리고 새로운 삶을 느낄 수 있다. 유년기 경험, 그리고 그 이후의 문화적 경험을 거치며 우리는 자기 자신을 소외시켜 왔다. 모든 걸 제대로 돌리려면 내면의 진실과 새로이 이어져야 한다.

1945년 12월, 한 아랍 농부가 동굴에서 커다란 항아리에 담겨 있는 고대 문서 몇 개를 발견했다. 이 문서는 초기 크리스트교인 그노시스gnosis 신자들이 교회의 공식적인 가르침보다는 개인의 경험에 의존해 작성한 것으로 보였다. 이들 문서 중 하나에는 '토마스복음'이라는 제목이 붙어 있었다. 기록에 따르면 이 문헌은 예수의 비밀스러운 메시지를 담고 있으며, 이게 사실이라면 다른 사도들이 전하는 바와는 매우 다른 성격을 지닌 예수의 모습이 드러나는 것이었다. 예수가 한 말 중 마흔에 일어나는 변화를 감당하기 위해 받아들여야 할 사실을 정확히 지적한 것이 하나 있다. "네 안에 깃든 것을 일깨운다면 그것이 너를 살릴 것이요, 그렇게 하지 못한다면 그것이 너를 죽일 것이다."[3]

내면에 있는 것이 억압받았기 때문에 우리는 아프고 자기소외를 겪는다. 내면에 있는 것을 긍정하지 못했기 때문에 언제나 찾아 헤매던 올바른 길이 바로 거기 있음을 깨닫는 데 큰 어려움을 겪는다. 내면을 바라보는 일이 얼마나 거대한 작업일지 깊이 생각하기조차 두렵지만, 온전한 삶에 필요한 자원은 우리 안에 있으며 다른 사람에게 좌우되는 것이 아님을 깨달으면 끝내 우리 자신은 자유로워진다. 약 200년 전 낭만주의 시인 프리드리히 횔덜린Friedrich Hölderlin이 표현한 대로, "신은 우리 가까이 있지만 붙잡기는 어렵다. 하지만 가장 위험한 곳에서 자유는 더욱 강해진다."[4]

그렇다면 문제는 신화가 없는 삶이 아니라 '어떤 신화를 갖고 살 것인가'다. 우리는 의식적이든 무의식적이든 언제나 이미지의 인도를 받기 때문이다. 우리는 재산을 추구한다거나 집단의 규율을 준수하는 등 집단의 가치와 일치하는 일군의 믿음과 습관을 의식적으로 받아들인다. 그러나 그 대가로 신경증이 따라온다. 또는 '나는 언제나 화를 억누르고 타인에게 봉사하는 착한 아이여야 해' 같은 잘못된 신화에 따라 산다. 이렇게 삶을 이끄는 이마고가 무의식 깊이 자리잡은 탓에 우리는 언제나 그렇게 반응하고 다른 식으로는 거의 생각해보지 못한다. 외부에 순응하는 것도, 내면을 추종하는 것도 개인의 전체를 지탱해주지 못한다. 우리는 바깥세상에 순종하도록, 그리고 충돌이 일어나면 사회가 요구하는 기대 수준에 맞추도록 끊임없이 요구받는다. 이렇게 하면 사회의 안정은 유지될지 모르나, 개인은 희생되어야 한다.

1939년 런던에서 열린 목회 심리학자 연합 모임에서 융은, 우리는 외부의 이데올로기와 개인의 신경증 중에서 양자택일하도록 강요받으며, 이를 극복할 수 있는 유일한 대안은 개성화의 길을 따르는 것뿐이라고 말했다.[5] 이는 지금도 여전히 맞는 말이다.

개성화라는 개념은 영혼의 에너지를 이끄는 일군의 이미지라는 점에서 융이 말하는 우리 시대의 신화를 뜻한다. 간단히 말해 개성화는 운명이 우리에게 부여한 한계 속에서 우리 모두가 온전한 자신이 되게 하는 개인 발달의 필수 요소다. 의식적으로 자신의 운명과 직면하지 않으면 우리는 운명에 종속당하고 만다. 우리는 자신의 본질과 실재하지만 후천적으로 획득한 거짓된 자기감을 구별해야 한다. '나는 내게 일어난 일의 총합이 아니다. 이렇게 되겠다고 스스로 선택한 결과다.' 운명의 포로로 전락하지 않으려면 이 문장을 의식 속에 늘 담아두어야 한다. 이러한 딜레마와 의식의 필요성을 유머러스하게 표현한 글이 작자 미상의 〈다섯 장으로 된 자서전 Autobiography in Five Short Chapters〉이다.

1

나는 거리를 걷고 있었다.

길에 깊은 구멍이 뚫려 있었다.

나는 그곳에 빠졌다.

길을 잃고…… 속수무책이었지만

　　　　내 잘못은 아니었다.

나가는 길을 찾는 데는 시간이 끝없이 걸렸다.

2

나는 같은 거리를 또 걷고 있었다.

길에 깊은 구멍이 뚫려 있었다.

　　　못 본 척했다.

　　　또 그곳에 빠졌다.

또 그렇게 됐다는 것이 믿어지지 않았다.

　　　그래도 내 잘못은 아니었다.

빠져나오는 데 또 한참이 걸렸다.

3

나는 같은 거리를 또 걷고 있었다.

길에 깊은 구멍이 뚫려 있었다.

　　　구멍이 보였다.

　　　그런데도 또 빠졌다……. 거의 습관이 되어

버렸다……. 그래도,

　　　　나는 눈을 뜨고 있었다.

어디 있는지도 알았다.
내 잘못이었다.
그리고 곧바로 빠져나왔다.

4

나는 같은 거리를 또 걷고 있었다.
길에 깊은 구멍이 뚫려 있었다.
그 구멍을 피해 돌아서 갔다.

5

나는 이제 다른 거리를 걷고 있다.

분명 우리는 자신이 얼마나 자유롭고 의지가 강한지 절대로 모른다. 그러나 실존주의 철학자들이 지적하듯, 우리는 우리가 자유롭다고 생각하고 행동해야 한다. 이렇게 하면 개인의 존엄과 목적을 회복할 수 있으며, 그렇지 않으면 운명의 희생자로 계속 고통받을 것이다. 뉴욕에서 출발하는 747 비행기는 조종사가 항로를 몇 도만 고쳐 잡으면 목적지가 유럽이 될 수도 아프리카가 될 수도 있다. 우리도 마찬가지다. 사소한 것 몇 가지만 고쳐도 삶에 크나큰 변화를 일으킬 수 있다. 이 프로젝트를 시작하는 데 반드시 필요한 것이 하나 있다. 바로 우리 자신의 내면에서 다가오는 모든 것을 놓치지 않겠다고 날마다 맹세하는 일이다. 융은 이렇게 말했다.

> 우리는 선험적으로 무의식적인 존재이지만, 자신의 고유한 특질을 의식할 때만 의식 안에 존재할 수 있다. 개인성을 의식 수준으로 끌어올리려면, 다시 말해 외부의 대상과 자신을 동일시하는 상태를 넘어서려면 의식적으로 차이를 만드는 과정, 즉 개성화가 필요하다.[6]

융이 말하는 외부 대상과의 동일시는 개인이 어려서는 부모의 현실과, 자라서는 부모 콤플렉스 및 사회제도의 권위와 동일시하여 자신의 존재를 확인하는 일을 가리킨다. 외부의 객관적 세계와 자신을 동일시하면, 우리는 내면의 주관적 현실로부터 소외된다. 물론 우리는 언제나 사회적 존재이지만, 텔로스telos(인간의 목적성 - 옮긴이) 또는 수수께끼 같은 면을 가진 영적인 존재이기도 하다. 따라서 외부세계와의 관계에 충실하면서도 자신의 존재 목적에 충실한 개인이 되어야 한다. 개인으로의 분화가 더 많이 일어날수록 외부세계와 맺는 관계도 더욱 풍성해진다. 따라서 융은 이렇게 주장한다.

개인은 단순한 개별적 존재가 아니라 집단과의 관계를 전제로 하는 존재이기에, 개성화 과정은 고립이 아니라 더 강하고 폭넓은 집단과의 관계로 이어져야 한다.[7]

타인과의 친밀한 관계에 충실하기 위해서는 타인으로부터 에너지를 얻지 않아도 될 정도로 자신이 스스로 충분히 발달해야 한다. 이는 개성화가 지닌 역설이다. 마찬가지로, 사회에 기여하기 위해서 우리는 완전한 개인이 되어야 한다. 그래야 집단을 건강하게 유지하는 데 필요한 변증법의 일부분이 되기 때문이다. 사회를 하나의 모자이크로 본다면, 조각 하나하나가 고유의 색을 풍성하게 가질 때 전체가 가장 빛난다. 우리가 사회에 가장 유용하게 공헌하는 길은 각자가 고유하고도 온전한 자신을 지키는 것이다. 이에 관해 융은 이렇게 말한다.

개성화는 개인을 단순히 순응하는 존재가 되는 것을 막아주며, 따라서 집단성으로부터도 분리시킨다. 세상을 위해 개인이 자신을 두고 떠나는 것은 유죄이며, 이를 보완하기 위해 절실히 노력하는 것도 유죄다. 개인은 자신을 대신할 무엇을 반드시 사회에 제공해야 한다. 즉, 자신의 빈자리를

채울 만한 가치를 종합적인 개인의 영역에서 만들어내야 한다.[8]

따라서 개성화에 대한 관심은 자기도취가 아니라 사회에 공헌하고 타인의 개성화를 지지하는 가장 좋은 방법이다. 세계에 공헌하는 주체는 자신과 타인으로부터 소외된 이도, 고통에 신음하며 타인에게도 고통을 안겨주는 이도 아니다. 목표와 과정을 동시에 포함하여 개인을 인도하는 일군의 이미지로서 개성화는 개인을 도울 뿐만 아니라, 그 개인이 자신의 문화에 기여하게 한다. 융에 따르면, "목표는 아이디어로서만 중요할 뿐이다. 진실로 중요한 것은 목표로 이끄는 실제 행동$_{opus}$이며, 그것이야말로 인생의 목표다".[9]

항로를 제대로 알지 못한 채 해내야 하기 때문에 인생이라는 배의 키를 잡는 것은 영혼으로선 대단한 모험이다. 하지만 우리가 거칠 가치가 있는 유일한 여정이기도 하다. 삶의 전반기에서 개인의 과제는 부모를 떠나 세상으로 들어설 수 있도록 자아의 힘을 키우는 것이다. 이 힘은 삶의 후반부에서 더 큰 영혼의 여행을 떠날 때 사용할 수 있다. 그러면 그 축이 자아 - 세계에서 자아 - 자기로 이동하고, 삶의 수수께끼가 좀 더 새로운 방식으로 펼쳐진다. 이는 사회 현실을 부정하는 것이 아니라 우리 삶에서 본래 종교적인 특질을 되살리는 일이다. 따라서 융은 개인에게 이렇게 물어야 한다고 제안한다.

> 그는 무한한 그 무엇과 연관되어 있는가? 이는 그의 삶이 어떠한지를 알려주는 질문이다. (…) 우리가 이 세계의 삶에서 이미 무한과 연결되어 있다고 느끼고 이해한다면, 욕망도 태도도 바뀐다. 마지막으로 분석해보면, 우리는 우리가 구체화하는 본질로서 가치를 갖는다. 본질을 구체화하지 못한다면, 삶은 의미가 없다.[10]

자아보다 더 큰 그 무엇과 관계를 유지하는 능력은 자아로부터 계시를 얻고 변화한다. 델파이 아폴로 신전의 문 위에는 사제들이 조각한 경구 하나가 새겨 있다. "너 자신을 알라." 한 고대 문헌에 따르면 내실로 들어가는 입구에는 여기에서 파생한 다른 문구가 붙어 있었다고 한다. "네가 바로 그것이다." 이 문구들이야말로 개성화의 변증법을 잘 포착한다. 우리는 자신을 더욱 온전하게 알아야 하며, 더 큰 수수께끼의 맥락 속에서 자신을 파악해야 한다.

6. 홀로 서다

누구도 나를 대신해서 내 삶을 책임져줄 수 없다

개성화를 이루는 것이 우리의 과제이지만, 모두가 이에 귀 기울이거나 신경 쓰는 것은 아니다. 스스로 관심을 기울이지 않는다면, 재생으로 이끄는 삶의 힘과 자신의 의미를 부정할 수도 있다. 영혼의 멀고 먼 외로운 여정에서 우리는 의식을 지키면서도 용기를 지녀야 한다.

이 책의 마지막 장은 우리 모두가 사용할 수 있는 태도와 습관에 관해 설명한다. 심리치료를 받는 사람은 정신분석가와 관계를 제대로 맺어야 한다. 하지만 다음에 설명하는 내용은 심리치료를 받으려는 사람과 그렇지 않은 사람 모두에게 해당한다.

외로움에서 고독으로

미국 시인 매리언 무어Marianne Moore는 일찍이 "외로움에 가장 좋은 약은 고독"[1]이라고 노래했다. 무슨 뜻일까? 고독은 외로움과 어떻게 다를까?

외로움은 이 시대에 발견된 감정이 아니다. 외로움으로부터 탈출한다는 것도 마찬가지다. 17세기 철학자 블레즈 파스칼Blaise Pascal은 저서 《명상록Pensées》에서 농담은 왕을 외롭지 않게 할 목적으로 발명됐다고 서술했다. 아무리 왕일지라도 스스로에 관해 생각하면 자연히 짜증스럽고 불안하기 때문이다. 따라서 파스칼은 현대의 모든 문화란 우리가 외로움에 빠지거나 자신에 관해 생각하지 않기 위한 광대한 오락divertissement이라고 주장했다.[2] 이와 마찬가지로, 100년 전 니체는 "우리는 조용히 홀로 있을 때면 누군가 귀에 대고 무언가를 속삭일까 봐 두려워하며, 침묵을 싫어하고 사회적 삶이라는 약에 탐닉한다"[3]라고 말했다.

자기와의 관계에 진심으로 고마워하지 않고서는 자신의 영혼성에 관여할 수도, 영혼을 치료할 수도 없다. 그렇게 할 수 있으려면 고독이 필요하다. 고독은 우리가 온전히 자기 자신에게만 집중하는 정신 상태를 말한다. 아래에 소개하는 내용은 우리가 외로움에서 벗어나 고독을 맞이하기 위해 접해야 하는 문제들이다.

분리 트라우마 받아들이기

세상에 태어나자마자 모체로부터 분리됐다는 원초적 트라우마, 또는 부모 - 자식 사이의 관계가 끼치는 영향 전체를 온전히 받아들이기는 쉽지 않다. 부모와의 관계가 유익할수록 우리는 스스로에게 더욱 만족하며 고독 역시 편안하게 받아들일 수 있다. 역설적으로, 부모와의 관계에서 문제가 많을수록 타인과의 관계에 의존하는 경향이 더욱 강해진다. 부모와 관련된 환경이 불안정할수록 자신을 타인에 비춰 정의하려 한다. 융은 "부모는 자식이 겪는 신경증의 가장 큰 이유가 바로 자신이라는 사실을 언제나 인식하고 있어야 한다"[4]라고 말해 부모 역할을 새롭게 조명했다. 부모에게 죄책감을 불러일으키려고 이 말을 소개하는 것이 아니다. 우리가 얼마나 스스로를 부모를 통해서, 그리고 사회제도 같은 부모의 대체물을 통해서 정의해왔는지를 상기시키기 위해서다.

개성화를 진행하려면 고독해야 하고, 고독으로 들어서기 위해서는 스스로에게 날마다 '나는 어떤 식으로 두려움에 빠져 나 자신과 내 삶의 여정을 회피하고 있는가?'라고 물어야 한다. 부모 또는 외부와 상호의존적 관계에 빠져 있는 성인은 이미 자신의 존재를 회피하는 방법을 배운 상태. '내 감정과 접촉한다'는 말은 지겨울지 몰라도, 이 말은 정말로 우리에게 외부의 맥락이 아닌 내면의 현실을 토대로 자신을 정의하라고 요구한다. 다른 사람에게 반응할 때면, 우리는 한 걸음 더 나아가 '여기 어디에 내 부모의 존재가 숨어 있는 것일까?'라고 자문해야 한다. 그래야 비로소 개인의 통합을 이뤄낼 수 있다. 유년기에 강한 트라우마를 겪을수록 우리의 현실감은 미성숙해진다. 현실을 파악하고 이를 기준으로 행동하기란 사실 매우 어렵다. 외로움을 무릅쓰고 고독 속에서 자신을 온전하게 받아들이는 일은 중간항로를 무사히 거치기 위해 반드시 필요하다.

상실, 그리고 투사 거둬들이기

중년에 들어서 커다란 상실을 겪는 일은 흔하다. 친구가 죽거나 이혼으로 정신이 황폐해지기도 한다. 우리에게 필요한 타인을 잃어버리는 경험은 자신의 존재 자체를 위협할 수 있다. 부모를 잃어버린 아이가 어떤 상황일지 생각해보라. 성인이 되어 이런 일을 겪어도 불안한 것은 물론 자기정체성을 상실한 듯한 기분을 느낀다. ("당신 없이는 살아갈 수 없어"라는 유명한 노랫말도 있지 않은가.)* 이는 우리가 얼마나 자주 배우자, 자식, 페르소나 등 타인에게 자신을 투사함으로써 자신의 의미와 정체성을 얻는지를 잘 보여준다. 이혼이나 자식의 독

---

* 배드 핑거(Bad Finger)가 처음 발표하고 머라이어 캐리(Mariah Carey) 등 많은 가수가 리메이크한 〈당신 없이는(Without you)〉 가사의 일부 – 옮긴이.

립으로 해방감을 얻는 사람도 분명 있지만, 우리 대부분은 그렇지 않다. 중요한 것은 그 대상을 잃어버림으로써 자신이 그 어떤 다른 관계보다도 그 사람에게 더 헌신했음을 인식하여 관계의 중요성을 깨닫는 데 있다.

어떤 대상을 잃어버려 그에 씌워진 투사를 걷어내야 한다면, 우리 모두가 그렇듯 거기에 의존했던 과거로 인해 괴로워할 것이다. 하지만 결국 이런 질문이 따를 것이다. '내가 모르는 나는 대체 얼마나 이 사람에게, 이 역할에 기대고 있었던 것일까?' 상실을 인정하고 한때 외부 대상에 쏟았던 자신의 에너지를 회복할 수 있다면, 여정의 다음 단계에서 이를 유용하게 사용할 수 있다.

두려움을 의식으로 만들기

우리는 외로움이 너무 두려워 차마 타인을 놓아 보내지 못하고 끔찍한 애정관계나 자신을 억누르는 데 집착하기도 한다. 외로움에 맞설 용기는 결국 그 무엇으로도 대체할 수 없다. 니체가 말한 대로 우리가 듣기 무서워하는 그 무언가가 우리에게 쓸모 있을 수 있으며, 우리를 해방시켜줄지도 모른다. 그러나 고독을 무릅쓰지 않고서는 내면의 소리를 결코 들을 수 없다. 사람에 따라서는 전화도, 자식도, 아무것도 주변에 두지 않고 혼자 앉은 채 고요함에 귀 기울이며 자신의 의미를 확인하는 의식을 날마다 수행하는 것이 도움이 될지도 모른다. 처음에는 피곤하고 어색할지 모르지만, 이 의식을 통해 침묵이 우리에게 말을 걸게 할 수 있다. 홀로 있어도 외롭지 않다면, 비로소 고독을 달성한 것이다. 두려움에 계속 사로잡혀 있다면 자신과의 이 특별한 만남은 가질 수 없을 것이다.

이런 의식을 수행하는 목적은 자신을 더 큰 인생의 리듬으로 연결하는 데 있다. 의식은 한 세대에서 다음 세대로 습관처럼 전승되는 동안 본래의 힘을 잃어버린다. 과거에는 의존하는 데 써버렸던 에너지를 이제는 개인적인 의미를 위한 의식에 써야 할 이유가 더 많아졌다. 마음에 짊어진 짐뿐만 아니라 자신을 휘감아 산만하게 만드는 신경증적 혼란을 가라앉히는 것이 이 의식의 목적이다. 혼자 있는 일을, 침묵을 두려워한다면 참다운 자신을 대면할 수 없다. 현대세계에서 자기소외는 흔하게 나타나며, 이를 극복하려면 노력을 해야 한다.

날마다 잠깐이라도 내 안팎에서 일어나는 번잡함에서 벗어나 자신과 직접적으로 마주하는 일을 기꺼이 감당하라. 분명 도움이 될 것이다. 침묵이 말을 걸어올 때 우리는 진정 자신과 함께할 수 있으며 외로움에서 벗어나 고독을 얻을 수 있다. 이는 개성화에서 반드시 필요한 전제조건이다.

내 안의 잃어버린 아이를 만나다

심리학자들은 오랫동안 유년기가 1차 성인기에 끼치는 영향을 언급했다. 그러나 어렸을 때 경험이 중간항로 기간 동안 치유의 원천으로 작용할 수 있다는 데 주목한 적은 많지 않다.

우리 안에는 상처받고 두려워하며 상호의존하거나 보상 속에 웅크리고 숨어 있을 단 한 명의 아이가 존재하는 게 아니다. 한 무리의 아이들로 이루어진 유치원과 같다. 한 교실 안에 익살꾼·예술가·반항아 등이 모두 함께 있으며, 이 아이들은 세계와 상호작용함으로써 그 무엇이든 될 수 있다. 하지만 이들 거의 모두가 무시당하거나 억압받았다. 따라서 자신 내면에 있는 아이들의 존재를 회복하면 종종 심리치료의 효과가 증폭된다. 그리고 이는 천국에 들어가려면 아이로 되돌아가야 한다고 설파한 예수의 가르침을 받아들이는 방법 중 하나다.

물론 우리 안에는 자기애로 가득한 아이, 질투심 넘치는 아이, 분노에 가득 찬 아이도 있다. 이 아이들이 폭발하면 난감하고 파괴적인 상황이 벌어지므로 이들을 신중하게 다뤄야 하는 것도 사실이다. 하지만 우리는 그보다 태어난 지 얼마 되지 않았을 때의 자유와 순수, 그리고 즐거움을 잊어버렸을 가능성이 더 크다. 마흔이 되어 우리를 가장 좀먹는 경험 중 하나는 덧없다는 느낌, 그리고 뻔한 일상이 반복되고 사는 게 재미없다는 느낌이다. 그리고 솔직히 말해 우리 안에 있는 자유로운 아이는 직장에서는, 그리고 아마도 결혼생활에서도 환영받을 가능성이 거의 없다.

따라서 우리가 자신을 치유하려면 무엇보다도 자연스럽고 건강한 내면의 아이가 무엇을 원하는지부터 알아봐야 한다. 내 안의 자유로운 아이와 만나는 일이 어떤 이에게는 쉬울 수도 있고, 어떤 이에게는 깊이 묻어버린 자신의 진수를 꺼내야 하는 힘든 일일 수도 있다. 중간항로를 건널 때 융은 취리히 호숫가에 앉아 모래성을 쌓고, 장난감 놀이를 하고, 돌을 조각하면서 자신의 풍부한 지성과 직관을 사용해 스스로의 영혼에서 무시당한 부분과 접촉하려 했다.[5] 이웃들 눈에는 정신 나간 짓처럼 보였을지도 모르겠지만, 삶의 여정이 장애물을 만날 때면 결국 내면이 나를 구해줄 것임을 융은 잘 알고 있었다. 우리가 내면의 자유로운 아이를 의식적으로 대하지 않으면 그 아이는 무의식 수준에서, 그리고 종종 파괴적으로 튀어나온다. 아이 같은 순수한 상태로 자신의 내면아이와 만나는 일은 이 점에서 단순히 유치하고 미성숙한 행동과 다르다.

마흔에 들어서면, 결국은 자신의 내면아이가 무엇

을 원하고 필요로 하는지 질문해야만 한다. 1차 성인기에 자아가 성립하는 과정에서 세계를 찾는 자연스러운 방향감각은 외면당한다. 이 과정에서 다양한 재능, 흥미, 열정도 함께 버림받는다. 직장이나 친밀한 관계에서 이를 되살려 보상을 받을 수 있다. 외면했던 재능을 꺼내 사용하면서 자신을 치유할 수 있기 때문이다. 자기 안에는 수없이 많은 특징이 있으나, 이 중 몇 가지만 살아남는다. 이런 불완전함이 인간 존재의 비극이 되기도 하지만, 자신이 지닌 특징을 좀 더 많이 살릴수록 삶 역시 더욱 풍성해진다.

이미 살펴보았듯, 마흔의 감정 흐름은 종종 지루함이나 우울함에 막혀버린다. 우리의 본성이 몹시 좁은 통로로 갑갑하게 움직이다 결국은 둑 안에 갇혀버린다는 뜻이다. 유희가 있어야 사는 데 힘도 생긴다. 왜 영화에는 연인이 공원에서 그네를 타거나 바닷가에서 파도를 맞으며 아이처럼 노는 장면이 자주 등장할까? 이런 상투적인 모습에도 일말의 진실이 숨어 있다. 애정관계를 발전시킬 동기를 부여하는 것은 다름 아닌 자신의 자유로운 내면아이와 다시 이어지는 일이다.

중간항로는 '나의 내면아이는 뭘 좋아할까?'라고 스스로에게 물어볼 수 있는, 무엇과도 비교할 수 없는 소중한 기회를 안겨준다. 음악이나 미술 수업을 다시 들어

보고, 연기하는 즐거움도 다시 느껴보라. 재능이 있든 없든 상관하지 마라. 내 친구 하나가 정년퇴직한 몇 명과 인터뷰를 했는데, 그들 중 다시 사무실로 돌아가 일하고 싶다고 말한 사람은 단 한 명도 없었다. 바깥세계의 의무·일·결혼생활 등을 우리는 여전히 따를 수 있지만, 내면 아이를 위한 시간 역시 챙겨야 한다.

삶을 사랑하는 열쇠, 열정

종교학자 조지프 캠벨은 '인생을 어떻게 살아야 하는가'라는 질문에 이렇게 답하는 걸 좋아했다. "스스로의 천복bliss을 좇으십시오."[6] 우리가 대부분의 시간을 부모와 문화의 명령에 복종하며 지내는 동안 자신이 지닌 가장 좋은 부분을 잃어버리고 만다는 사실을 캠벨은 잘 이해하고 있었다. "천복"이라는 말을 자기도취나 비현실적 우주여행쯤으로 여기는 사람도 있다. 하지만 내가 보기에 캠벨의 이 말은 영혼의 여정을 가리키는 것으로, 여기에는 여정에서 겪는 아픔과 희생까지 모두 포함된다. 나 같으면 이렇게 표현했을 것 같다. '스스로의 열정passion을 좇으십시오.'

열정은 소명과 마찬가지로 우리를 움직이는 동력

이며, 선택이라기보다는 우리에게 주어진 소환장 같은 것이다. 조각가 헨리 무어Henry Moore는 아흔 줄에 들어서도 어떻게 왕성한 활동을 계속할 수 있는지 질문을 받자 자신에게는 강렬한 열정이 많아 단 하나도 그냥 버릴 수 없었다고 대답했다.[7] 마찬가지로 시인 예이츠는 세상을 떠나기 직전 침상에 누워서도 시를 썼으며, 생애 마지막 해에 자신을 "거칠고 늙은 사악한 자"[8]라고 묘사했다. 그리스 소설가 니코스 카잔차키스는 이렇게 조언했다. "죽음에게 뼛조각 몇 개 말고는 아무것도 남겨주지 마라."[9] 이 책에서 문학가의 말을 인용하는 것은 단지 이들이 훌륭한 작품을 남겼기 때문이 아니라, 예술가에게는 언제나 불타는 열정이 함께하기 때문이다. 진실로 무언가를 창조해본 사람은 그게 얼마나 힘든 일인지 잘 안다. 고통은 피할 수 없으나 마침내 이뤄냈을 때의 성취감은 이루 말로 표현할 수 없을 만큼 크다.

중간항로에서 우리는 스스로의 열정을 발견할 것을 요구받는다. 우리를 삶으로, 우리의 본성으로 깊이 이끌어 아픔을 일으키는 것이 무엇인지를 찾아내야 한다. 그 경험으로 우리는 새로이 변화할 수 있다.

환생을 믿는 사람들이 말하듯, 우리도 새롭게 돌아와 다른 가능성을 실현할 기회를 얻을 수 있을지 모른다. 하지만 정말 그렇게 된다고 해도 그것은 지금 우리가 살고 있는 바로 이 삶이 아니다. 현재의 삶을 가장 충실하게 살아야 한다. 과거에 대해 끝없이 불평만 하면서 망설임과 부끄러움 속에 말년의 허약함과 죽음을 맞아서는 안 된다. 우리가 가장 온전하고 충실하게 살아야 할 시기는 분명 바로 지금이다.

화가 폴 고갱Paul Gauguin이 그랬듯 스스로의 열정을 찾아 따르는 것이 모든 걸 버리고 타히티 같은 머나먼 곳으로 떠나야 한다는 뜻은 아니다. 그런 결정은 주변 다른 사람들의 삶에 영향을 줄 수 있으며, 도덕적으로 책임질 수 있는 범위에 머무르는 것도 나름 옳은 일이기 때문이다. 하지만 우리 삶이 보잘것없는 잠정적 수준에 머무르지 않으려면 열정을 가지고 살아야 한다. 언젠가 모든 게 분명해지고 선택하는 일도 쉬워질 때가 오기라도 할 것처럼 말이다. 삶은 사실 분명해질 수도 쉬워질 수도 없다. 그래도 삶은 선택이며, 선택할 수 있기 때문에 의미가 있다.

쉽지 않다. 우리가 스스로의 깊이를 두려워하며 그 누구도 이를 추구하도록 허락하지 않는다고 느끼기 때문이다. 하지만 마흔에 들어섰다면 당신은 이제 누구에게 허락을 구하는 것이 아니라 스스로 얻어내야 한다. 우리가 물리쳐야 할 적은 다른 무엇도 아닌 두려움 그 자체다. 그러나 스스로의 깊이를, 스스로의 정열이 지닌 역량을 두려워한다면, 아직 경험하지 못한 삶은 더욱 두렵기만 할 것이다.

여기에는 중요하고도 자명한 사실이 몇 가지 있다.

1) 열정 없는 삶에는 깊이가 없다.

2) 열정은 질서, 예측 가능성, 때로는 온전한 정신에게도 위험할 수 있지만 삶의 힘을 표현한다.

3) 깊이의 원형인 신의 요구로 열정이 우리에게 짐지우는 삶의 거대함을 무릅쓰지 않고서는 신에게 가까이 갈 수 없다.

4) 스스로의 열정을 발견하고 따르면 개성화를 완성할 수 있다.

삶의 거대함을 인식하고 유년기와 자문화중심주의의 속박을 극복한다면, 우리는 스스로의 여정을 긍정하며 그 모두에 용감하게 맞설 수 있다. 릴케의 시 〈고풍스러운 아폴로의 흉상The Archaic Torso of Apollo〉에 등장하는 화자는 골동품 조각의 흠집과 곡선 하나하나를 꼼꼼히 살펴보고 있다. 그러다 조각이 오히려 자신을 "쳐다보고" 있음을 깨닫는다. 시는 갑작스럽고도 충격적인 명령문으로 끝을 맺는다. "너는 삶을 바꿔야만 한다!"[10] 이시는 우리가 진실로 창의적이고 상상력 넘치면서도 대담한 무언가를 접하면 이를 무의식인 것처럼 꾸밀 수 없다는 메시지를 던지는 것 같다. 거대한 영혼, 과감한 행동의 부름을 받는 일도 마찬가지다. 열정을 발견하고 따르는 일은 우리 내면 깊은 곳을 건드려 아프면서도 올바른 느낌을 주며, 내면 깊은 곳에서 가능성을 끄집어내 우리가 개성화를 이룰 수 있게 해준다. 소명과 마찬가지로 이는 자아의 몫이 아니다. 자아는 단지 회피하거나 동의할 수 있을 뿐이다. '네 의지야, 내가 아니라.' 이전까지의 삶이 진부해질 때, 열정이 우리에게 새로운 삶을 열어준다. 열정적인 삶이야말로 삶을 사랑하는 유일한 방법이다.

영혼의 늪에서 의미를 찾다

개성화는 자아에게 승리를 안기기 위한 게 아니다. 가능한 만큼 총체성wholeness을 얻기 위함이다. 몇 년 전 나는 아침 수업 중에 학생들을 놀라게 한 적이 있는데, 우리가 충분히 오래 산다면 사랑하던 모든 사람이 우리를 떠날 것이라고 말했기 때문이다. 반대로 우리가 충분히 오래 살지 못한다면, 사랑하던 모든 사람을 우리가 떠날 수밖에 없다.

논란의 여지가 없는 논리였지만 학생들의 반응은 싸늘했으며 무언가 반박하고 싶어하는 것 같았다. 이 반응은 인지적이고 이성적인 마음이 아니라 언제나 곁에 있는 타인에 의존하는 내면아이가 만드는 것이다. 갈망하던 걸 잃는 일은 자아를 크게 무너뜨린다. 중간항로에 들어서기 위해서는 1차 성인기에 지니고 있던 가정을 어쩔 수 없이 무너뜨려야 하는 것과 마찬가지다. 우리가 갖고 있는 가장 큰 환상 중 하나는 '저 멀리 끝에는 행복이 있다'는 것이다. 우리가 발견할 수 있으며 그곳에서 영원히 살 수 있는 진정한 상태 말이다. 불행히도 우리의 영혼은 늪 속에서 뒹굴며 그 안에 사는 이런저런 암울한 것들의 희생자 신세가 되는 일이 훨씬 더 많다.

이제 막 개성화를 시작하려는 사람의 영혼의 늪에는 외로움, 상실, 슬픔, 의심, 우울, 절망, 불안, 죄책감, 배신 등이 살고 있다. 그러나 다행히도 자아는 기대만큼 우리를 강력하게 통제하고 이끌지 못한다. 인간의 정신이 지니는 목적 추구는 의식의 통제력을 넘어서며, 우리는 이런 부정적 상태를 거치는 동안 그 의미를 찾아내야 한다. 예를 들어 슬픔의 의미는 이미 경험한 일의 가치를 인정하는 것이다. 이미 경험했기 때문에 온전히 잊을 수 없으며, 우리 육체와 기억에 남아 앞으로의 삶을 이끌며 도움을 준다. 의심은 어떤가. '필요가 발명의 어머니'라고 하지만, 진정한 발명의 어머니는 의심이다. 의심은 열린 마음을 갖는 데엔 위험요소일지 모르지만, 그럼에도 무언가를 새롭게 열 수 있게 해준다. 인간의 지식은 의심 덕분에 크게 발전했다. 우울마저도 중요한 무언가가 그간 '억압당한' 상태였다는 유용한 메시지를 전달한다.

늪에서 탈출하기보다는 오히려 늪 속으로 용감하게 뛰어들어 무엇이 새로운 삶을 기다리고 있는지 살펴볼 필요가 있다. 늪이 있는 지역 하나하나는 정신의 물결이며, 이 물결의 의미는 그 위로 과감하게 올라타야 찾아낼 수 있다. 중간항로를 운행하는 배가 늪지대에서 허우적대고 있을 때 우리는 '지금 이 상황이 내게 무슨 의미일까? 내 정신은 내게 무슨 말을 하고 있는가? 그리고 나는 어떻게 해야 하는가?'라고 질문해야 한다.

자신의 감정을 있는 그대로 직면하고 감정과 대화를 나누는 데는 용기가 필요하다. 하지만 바로 여기에 개인의 통합에 이르는 비밀이 숨어 있다. 영혼의 늪지에는 의미와 더불어 의식을 확장해야 한다는 요구가 들어 있다. 이를 상대하는 일이야말로 삶의 가장 큰 책임이다. 항해하는 배의 키를 잡을 수 있는 건 우리 자신뿐이다. 통합을 잘 이루어낸다면 그곳에서 찾아낸 삶의 의미와 존엄, 그리고 목적이 그 과정에서 겪은 모든 공포를 보상해줄 것이다.

나와 나누는 대화

'자신과 나눠야 하는 대화'라는 개념을 표현하기 위해 융은 독일어 단어 Auseinandersetzung(맞대면)을 차용했다. 이 합성어는 '한 가지를 다른 한 가지 앞에 두다'라는 개념으로 번역할 수 있으며, 대면과 변증법을 비유하는 말로 쓸 수 있다. 실제로 정신분석가와 내담자 사이에, 그리고 그들의 무의식에 일어나는 일이기도 하다.

이 대화를 계속 이어나가려면 어떻게 해야 할까? 앞에서 제안한 대로, 우리는 일상 속에서 '이 상황에 놓인 나는 누구이며, 지금 나는 어떤 목소리를 듣는가?'라고 계속 질문해야 한다. 그리고 날마다 명상과 더불어 일기를 쓰는 등 좀 더 적극적으로 자기반성을 해야 한다.

책 초반에 나는 우리의 세계관이 다름 아닌 유년기와 문화라는 프리즘을 거쳐 바라보는 것과 같으며, 그 프리즘은 빛을 산란시켜 우리의 시각을 왜곡하는 렌즈와 같다고 지적했다. 살면서 겪는 경험 일부가 스스로의 내면에 자리잡아 강화되고 갈라지며, 콤플렉스 같은 예에서 보듯 의식 속으로 밀고 들어와 의식을 짓누르며 현재에 더 강력한 통제력을 발휘한다. 따라서 우리는 대놓고 이렇게 물을 수밖에 없다. '내 자아도, 내 콤플렉스도 내가 아니라면, 대체 나는 누구인가?' 이 딜레마를 해결하기 위한 방법으로 우리가 시작해야 하는 것이 거대한 변증법이다. 인생 초반을 움직이고 지배하는 자아 — 세계의 축에서 벗어났다면, 이제 자아와 자기 사이의 대화를 새롭게 시작해야 하기 때문이다. 이미 살펴본 대로, '자기'는 여러 속삭임을 통해 우리에게 자신의 더 큰 목적을 드러낸다. 그 속삭임이 신체적이든 정서적이든 상상이든 간에, 모두가 자기의 목적을 향해 가겠다는 우리의 욕구를 보여주는 표현이다.

꿈은 아마도 내적 대화에 참여하는 가장 유용한 기술일 것이다. 현재 우리 문화는 내적인 삶을 혐오하며 꿈에 거의 어떤 가치도 부여하지 않는다. 그러나 꿈속에 나타나는 이미지는 자아에게는 괴상하게 느껴질지 몰라도 자기의 에너지와 목적성을 상징하는 것으로서, 정신이 우리에게 건네는 말이다. 이들 이미지의 의미를 파악한다면 그 어떤 책이나 사회제도에서도 찾아볼 수 없는, 놀랍도록 풍부한 지혜 속으로 들어갈 수 있다. 꿈은 어느 누구도 아닌, 바로 우리 자신의 진실이다. 우리가 꾸는 꿈의 단지 일부만 이해해도 우리가 따라가야 할 올바른 삶의 길뿐만 아니라 자신의 순수한 본성이 무엇을 요구하는지 더욱 잘 알아낼 수 있다. 깊은 밤이 우리에게 선사하는 개인적 신화만큼 자신에 대한 정보를 정확하게 알려주는 것은 달리 찾아볼 수 없다.

융은 또한 적극적 상상active imagnation이라는 기법을 개발했다. 이는 프로이트의 자유연상법과는 다르며 명상법도 아니다. 그림 그리기, 진흙놀이, 춤추기 등을 통해 이미지를 활성화하여 이에 따라오는 정서적 감동과 연결되는 방법이다. 이러한 형태의 맞대면은 꿈의 이미지에 담긴 의미를 이해하게 해줌과 동시에 자아와 자기 사이의 대화를 촉진시킨다.

진료를 하다 보면 일주일에 내담자의 꿈 사십여 가지를 듣는다. 시간이 지나면서 내담자는 자신의 꿈에 공통된 모티프가 있다는 사실을 깨닫는다. 그러나 자아가 모든 게 분명해졌다고 생각할 때쯤이면, 정신은 또 한 번 반전을 일으켜 우리를 당황시킨다. 이쯤 되면 사람이 겸허해지지 않을 수 없지만, 영혼과 마주하고 우리 안팎에서 작용하는 수수께끼와도 같은 우주의 섭리라는 목적과 직접 관계를 맺는 것만큼 우리를 풍부하게 만드는 일은 없다. 정신분석치료가라면 누구나 내담자로부터 전해 들은 꿈 이야기가 수백 가지는 되겠지만, 나는 그중에서도 서사성과 일관성이 좀 더 두드러지는 몇 가지를 소개하고자 한다.

첫 번째 꿈은 자식을 다 키우고 나서 대학에 다시 입학한 42세의 여성 내담자가 보고한 내용이다. 내담자는 오랫동안 떨어져 있던 학교에 돌아가는 걸 불안해하고 있었다. 학기 초에 그녀는 교수 한 명(X 교수)에게 강렬하게 끌렸으며, 짝사랑이 몇 달간 계속됐다. 하루는 이런 꿈을 꾸었다.

복도를 걸어가던 중 나는 연구실에 있는 Y 교수를 보았다. 교수가 내게 들어오라고 손짓했다. 신기하게도 Y 교수는 여자면서도 남근이 있었으며, 우리는 문을 열어놓은 채 연구실 바닥에서 사랑을 나눴다. 충격에 빠진 와중에도 나는 이 모든 게 괜찮다고 생각했다. 그 후 복도로 나왔는데 X 교수가 내 쪽으로 다가왔다. 모든 걸 이해한다는 듯 내가 미소를 지어 보이자 X 교수는 당황했고 나는 그를 지나쳐 계속 걸어갔다.

내담자는 자신의 꿈이 노골적이면서도 동성 간 성관계를 암시하고 있어 당황하고 두려운 나머지, 이 꿈에 관해 쉽게 이야기하지 못했다. 그러나 이 꿈은 사실 긍정적인 내용으로, 내담자에게 어떤 전환기가 찾아왔음을 보여준다. X 교수를 향한 이끌림은 지금까지 자신이 삶에서 발달시키지 못한 것, 즉 아니무스와 더불어 새로운 경력과 전망을 얻고 싶다는 욕구를 상징한다. 실제로 내담자가 막연하게만 알고 있던 Y 교수는 자신이 선망하던 발달된 아니무스를 가졌음에도 자신의 여성성을 여전히 유지하고 있는 여성이자 롤모델이었다. 따라서 주관적 수준에서 보면 Y 교수와 사랑을 나누는 일은 자신을 그와 연결시키는 행위로, 남성성과 여성성을 자신 안에서 통합시킨다는 의미다. 무의식에서 성적인 형태로 일어난 이 연결 행동 덕분에 내담자는 자신에게 일어난 특별한 변화, 즉 X 교수에 대한 투사가 더 이상 필요하지 않다는 사실을 깨달은 것이다. 이 꿈의 상징을 해석하고 내담자 내면에 남성성과 여성성의 상반되는 측면을 균형 있게 포용하는 일에 대해 토의하면서 내담자는 자신의 발달 과제를 더 뚜렷하게 이해할 수 있게 됐다.

36세의 한 남성 내담자는 꿈에서 한 아름다운 별장에 들어갔는데, 거기에서 셰익스피어William Shakespeare의 《한여름 밤의 꿈A Mid-Summer Night's Dream》이 에로틱한 발레 공연으로 열리고 있었다. 누군가의 요청으로 그와 함께 춤을 추는데, 도중에 어머니에게 전화가 걸려왔다. 어머니는 자신이 어려움에 처해 있으니 와서 구해달라고 말했다. 춤을 계속 추고 싶었는데 어머니가 끼어들어 화가 났지만, 결국 어머니의 요구를 따라야 한다고 생각했다.

현실에서 내담자는 어머니와 꽤 멀리 떨어져 지냈지만, 심리적으로는 여전히 함께 살고 있었다. 부정적인 아니마로 재발성 우울증에 시달렸으며, 진지한 애정관계를 맺는 걸 두려워했다. 이에 내담자의 '자기'가 내면의 지형을 지도처럼 그려 꿈이라는 형태로 선물한 것이다. 지도 안 어느 곳을 여행하든 숙소에 '체크인checking in'을 할 때면 여전히 부모와 함께였다. 이는 내담자가 억압받은 유년기의 희생자이기 때문이다. 꿈에서 내담자는 정작 자신의 '생명의 춤'을 놓치고 있었다고 셰익스피어 발레와 내담자의 연관성이 말해주고 있는 것이다. 꿈속 이미지가 얼마나 강렬한지는 꿈을 꾼 사람이 받았던 상처와 그 결과의 정도에 따라 달라진다. 요약하자면, 이 꿈은 어머니 콤플렉스에서 벗어나 융이 "삶 그 자체의 원형"[11]이라 불렀던 아니마를 해방시키고자 하는 내담자의 욕구를 강조한다.

날마다 펼쳐지는 이 드라마를 더 자주, 많이 볼수록 융이 말하는 '자기', 즉 내면이 지닌 수수께끼의 힘을 더 믿게 될 것이다. 이 광대한 우주 속에서 우리는 의미가 있고, 도움도 받을 수 있다. 우리에게는 풍부하게 울리는 무의식이 있으며, 이는 눈보라처럼 몰아치는 꿈과 풍부한 상상뿐 아니라 일상에서의 여러 증상을 통해 우리에게 말을 건넨다. 중간항로에서 우리가 풀어야 하는 과제는 꿈속의 이미지와 협력하여 '이 이미지는 내 안 어디에서 오는가? 내 무엇과 연관되며 내 행동에 관해 뭐라고 이야기하는가?'라고 질문하는 것이다.

자신의 '자기감'을 진짜로 바꿀 수 있는 유일한 방법은 바로 자아와 자기 사이에서 이런 대화를 나누는 것이다. 반드시 정식 심리치료일 필요는 없다. 용기를 내어 날마다 '귀 기울이기'라는 의식을 실천하기만 하면 된다. 이로부터 배운 내용을 자신 안에 간직하여 통합시킬 수 있다면 홀로 있어도 외롭지 않을 것이다. 외부세계와의 접촉을 유지하면서도 내면과의 대화에 늘 귀 기울인다면 이전에 고대 신화와 종교가 제공해주던, 영혼의 세계와 연결되는 그 경험을 지금도 할 수 있다. 우리 조상은 이미 알고 있던 사실, 즉 어둠 속에도 빛이 있으며 침묵도 말할 수 있다는 사실을 새로이 깨달을 것이다. 내면으로 들어가 스스로의 영혼과 거대한 변증법을 경험할 용기와 수양을 갖춘다면, 우리는 영원의 세계에 우리가 머무를 자리를 다시금 얻을 수 있다.

우리는 모두 언젠가 죽는다

19세기 영국 사회철학자이자 경제학자인 제러미 벤담 Jeremy Bentham은 어떤 기준으로 봐도 지식인이었다. 몇 년 전까지만 해도 선택받은 몇몇 사람은 런던정경대

240

London School of Economics에서 그를, 말하자면, '접할' 수 있었다. 벤담은 유언장에 자신을 위해 일 년에 한 번 거기서 저녁식사를 하는 조건으로 이 학교에 장학금을 남기겠다고 쓴 것 같다. 그 식사 모임이라는 게 유별난 일은 아니다. 방부 처리된 벤담의 시신이 테이블 상석에 앉는 것만 빼면 말이다. 저녁식사 주최자가 좀 많이 창백해 보인다고 느낀다면 눈치 없는 걸까?

벤담의 이 이야기는 서구문화를 반영한다. 사회구조의 기반이 되던 신화의 역할이 점점 퇴색하면서, 자신의 가치가 물질적 성취와 사회계급으로 치환되면서, 현대문화는 죽음을 적대시하게 됐다. 죽음은 칵테일파티에서 절대 언급해선 안 될 단 하나의 주제라고들 한다. 제시카 미트포드Jessica Mitford(《미국식 죽음The American Way of Death》), 어니스트 베커Ernest Becker(《죽음의 부정The Denial of Death》), 그리고 엘리자베스 퀴블러로스Elizabeth Kubler-Ross(《죽음과 죽어감On Death and Dying》) 등이 작품에서 언급했듯이, 특히 미국은 '우리는 모두 언젠가 죽는다'는 삶의 핵심 사실을 제대로 다루고 있지 못하다.

이 명백한 사실은 여러 가지 뜻을 내포한다. 중간항로 동안 유년기의 주술적 사고와 1차 성인기의 영웅적 사고는 시간의 유한성에 관한 음울한 깨달음으로 바뀐다. 우리에게 삶을 가져다준 바로 그 힘인 에로스가 우리를 좀먹는다. 시인 딜런 토머스가 적확하게 표현한 대로 "푸르른 도화선으로 꽃을 몰고 가는 그 힘이 나를 파괴한다".[12] 마흔에 이르러 우리는 푸르른 청춘의 에로스가 마치 스스로를 태우는 도화선처럼 영원히 지속될 수 없음을 깨닫고는 충격을 받는다. 따라서 나이 먹은 남성이 '젊고 달콤한 연인'과 사랑의 도피를 하는 것, 그리고 여성이 시간의 흔적을 숨기려 콜라겐 치료나 성형수술을 받고 스파에서 끙끙대며 땀을 흘리는 것이 그리 놀라운 일은 아니다. 나이를 먹어 죽는다는 두려움에서 나오는 행위이기 때문이다.

우리는 왜 젊음을 유지하고 싶어할까? 신체기관 일부를 더 유연하고 잘 움직이는 것으로 만족할 수도 있을 텐데, 왜 굳이 미숙하던 과거 시절로 돌아가고 싶을까? 답은 분명하다. 삶을 발전하는 과정이 아니라 고착으로 보기 때문이다. 삶을 죽음과 재생을 반복하는 일련의 과정으로 볼 준비가 되어 있지 않기 때문이다. 삶이라는 여정을 온전하게 경험하기보다는 익히 알고 있는 편안함 속에 머무르려 하기 때문이다. 따라서 성형수술이 지금껏 거쳐온 삶의 훈장을 지워버리고, 사춘기가 문화를 지배한다.

그리스 신화 속 티토누스Tithonus는 불멸을 지녔지만 나이만큼 늙어가야 했다. 자신의 육체가 힘을 잃어가자 티토누스는 신에게 죽게 해달라고 기원했고, 신들은 이를 허락했다. 제러미 벤담과 우리 모두에게도 해당하는 이야기다. 시간이 흐르면 우리는 결국 먼지로 되돌아간다.

중년에 이르러 힘이 떨어지고, 우리가 지키려 해왔던 모든 것이 영락하는 모습에 스트레스를 받는 것은 완벽하게 자연스러운 일이다. 그러나 이 스트레스 아래에는 새로운 무언가를 향한 초대장이 들어 있다. 이 초대장은 장비를 새로 챙겨 외면적 획득에서 내면적 발전으로 여정의 다음 편을 시작하도록 이끈다. 1차 성인기의 관점에서 보면 인생 후반부는 천천히 진행되는 한 편의 공포영화와 같다. 친구, 동료, 자식, 사회적 지위, 그리고 마지막엔 생명을 잃어버린다. 그러나 모든 종교가 말하는 것처럼 모든 자연현상이 신의 의도라 해도, 우리는 이 과정에 들어 있는 더 큰 지혜를 따라야 한다. 기껏해야 자아의 안정만을 상상할 수 있는 젊음의 관점에서 움직이기보다는, 우리 생애 전체의 더 큰 리듬을 따를 수 있는 장력을 얻는 것이 더 큰 성취다.

나는 죽음의 순간을 다른 이들보다 더욱 의식적으로 맞이한 사람들과 함께할 수 있는 특권을 누렸다. 그 중 한 명인 안젤라가 누워 있던 방에서, 나는 선 채로 이렇게 말했다. "이 말을 하기에는 적당하지 않은 시점 같지만, 지금까지 제가 겪어본 일 중 가장 경이로운 일이군요." 그녀는 자신을 좀먹던 암이 마침내는 삶까지 가져가려 한다는 사실을 인정하고 있었다. 안젤라는 선하고 책임감 있으며 명예로운 삶을 살았지만, 자신에 대해서는 알지 못했다. 정신분석 치료를 받는 동안 그녀는 여태 건드리지 않았던 내면세계를 새롭게 일깨웠다. 음악, 가라테(일본 무술 – 옮긴이), 그림을 배웠다. 안젤라가 보여준 용기와 그 안에서 점점 자라나는 인간성, 그리고 단순한 지혜에 나는 크게 감명받았다. 죽음을 맞이하는 순간 안젤라는 자신보다 더욱 큰 무언가, 바로 놀라운 겸손과 인생의 숭고함을 얻었다. 도움을 얻으려 내게 왔던 그녀는 오히려 나를 여러 번 도와주었다.

중간항로에서 겪는 고통은 보상으로 바뀔 수 있다. 얄궂게도 여기서 얻는 것은 손실을 다르게 보는 관점이다. 오래된 자아의 확실성을 포기하면 더 큰 현실로 가는 문을 열 수 있기 때문이다. 우리가 불멸의 존재라면, 정말로 중요한 것은 아무것도 없을 것이다. 그러나 언젠가 죽어야 하는 존재인 탓에 우리에겐 여러 가지 중요한 선택을 해야 한다. 선택을 통해 우리는 인간이 되며 자신의 의미를 찾아낼 수 있다. 인간 존재의 가치와 존엄, 공포와 약속이 죽음에 달려 있다는 것이 여기서의 역설이다.

월리스 스티브스Wallace Stevens(20세기 미국 시인 – 옮긴이)
가 노래한 "죽음은 아름다움의 어머니"[13]의 의미가 바로
이것이다. 아름다움, 그리고 긍정하고자 하는 욕구는 공
포에서 나온다. 공포가 클수록 아름다움도 크다.

과거의 자신에 연연하지 않고, 명성이나 부, 또는
젊었을 때의 외모를 더 찾지 않게 될 때 중간항로를 무사
히 마칠 수 있다. 삶을 천천히 사라지는 과정으로, 대체
할 수 없는 상실을 어쩔 수 없이 겪는 경험으로 보는 생
각은 낡은 자아에 대한 집착을 버리고 신비로 점점 빠져
드는 자신을 긍정할 때 비로소 가능하다.

언제나 그렇듯, 이러한 역설을 예리하게 포착하고
묘사한 시가 있다. 2,000년 전 예수는 "삶을 얻으려면
잃는 법을 배워야 한다"고 설파했다. 릴케는 〈두이노의
비가Duino Elegy〉 제9편에서 유한한 인생의 주기를 다음
과 같이 노래했다.

그대는 언제나 옳았고, 그대의 성스러운
계시啟示는 친밀한 죽음이다.
보라, 나는 살아 있다. 무엇으로?
어린 시절도 미래도
줄어들지 않는다…… . 넘치는 존재가
마음속에 샘솟는다.[14]

역설적이지만, 지금껏 추구한 것 모두를 포기함으로써 우리는 안정과 정체성이 제공했던 기만적인 보장을 넘어설 수 있다. 그러고 나면 정말 신기하게도 넘치는 존재가 마음을 채운다. 그 후 우리는 머릿속의 지식(물론 이것도 때로 중요하다)에서 마음속의 지혜로 옮겨간다.

빛나는 잠깐의 정지 상태

나는 삶에 대해 융이 내린 정의보다 더 나은 것을 보지 못했다. 융은 삶이 "실은 하나인 두 개의 수수께끼 사이에서 빛나는 잠깐의 정지 상태"[15]라고 말했다. 우리가 의식이라고 부르는 존재의 좁은 범위로는 이 수수께끼 전체를 풀 수 없다. 인생이라는 여정의 정답을 마침내 찾아내는 날은 결코 찾아오지 않으며, 우리는 가능한 한 의식적으로 인생을 살도록 요구받을 뿐이다.

현대 그리스 시인 카바피Constantine Cavafy는 이 역설을 포착하여 아마도 이 여행의 목적은 여정 그 자체일 것이라고 노래했다. 이 시의 제목은 〈이타카Ithaca〉로, 모든 방랑자의 원형이라 할 수 있을 그리스 신화 속 오디세우스Odysseus가 여행을 떠났다가 마지막에 돌아온 도시 이름이다. 시인은 오디세우스에게 긴 여행에서 많은 모험을 겪도록 조언한 후, 귀향을 서두르지 말라고 말한다. 그리고 고향 항구에 배를 정박해야 한다면 다음을 기억하라고 읊조린다.

이타카는 너에게 아름다운 여행을 선사했고
이타카가 아니었다면 네 여정은 시작도 못했을 터.
하지만 이타카는 이제 네게 줄 것이 아무것도 없도다.
네게 그 땅이 가련하다 해도, 이타카는 너를 속인 적이 없도다.
여정에서 얻은 위대한 지혜와 경험으로
그때 너는 이타카의 가르침을 이해했으리라.[16]

우리에게 이타카는 도착지나 휴식지가 아니라, 우리의 인생 여정을 일깨우고 움직이는 에너지다.

인생의 후반부에선 언젠가 낡은 자아의 세계가 자신에게 충실하라고 요구해올지도 모르지만, 우리의 현실감은 이미 이에 훨씬 덜 의존하고 있다. 그렇다, 집단에서의 역할을 잃어버리는 건 일종의 죽음이지만, 의식적으로 놓아주는 행위를 통해 새로운 변신 과정을 시작할 수 있다. 이를 방해하기보다는 돕는 편이 현명하다. 이러한 영적인 전환이 이루어지고 나면, 과거의 자아 – 욕구

대부분이 더는 중요하게 느껴지지 않을 것이다.

우리가 아직 1차 성인기에 해당하는 자아 만들기에 사로잡혀 있다면, 이는 중간항로를 마치지 못했다는 신호다. 자아 만들기가 유한하고 오류에 빠지기 쉬운 상징을 투사하는 것에 지나지 않는다는 사실을 아직 깨닫지 못한 것이다. 인생 초기에는 필요했을지 모르지만, 그 이후에는 우리에게 여정을 제대로 바라보지 못하게 만드는 실체 없는 우상일 뿐이다. 물론 삶의 여정 자체가 상징이다. 움직이는 이미지, 개인의 발달, 타나토스thanatos(프로이트가 말한 죽음을 향하는 에너지 – 옮긴이)를 극복하는 에로스, 의미를 되살리려는 노력 등의 상징 말이다. 중년에 들어선 우리의 과제는 인생 전반기에 획득한 자아 – 욕구를 버릴 수 있을 만큼의 힘을 얻는 동시에 더욱 큰 기적을 향해 자신을 여는 일이다.

중년의 위기는 우리에게 필수적인 '자기'의 몰락이 아니라 우리가 의지하던 가정assumption의 몰락이다. 과거의 위인들에게 눈을 돌릴 때, 우리는 실제로 모델, 즉 행동과 태도의 패러다임을 찾고 있는 것이다. 여기에는 다른 사람의 프로그램을 그대로 따라가면 결국 존재를 인정받고 삶의 의미를 알아낼 수 있을 것이라는 가정이 깔려 있다. 그게 사실이 아니라고 밝혀지면 우리는 환멸에 빠지고 불안해지며 배신감까지 느낀다. 그러고 나면 삶의 의미와 삶의 수수께끼를 아는 사람은 아무도 없음을 깨닫는다. 안다고 주장하는 사람은 여전히 투사에 사로잡혀 있거나 사기꾼 약장수일 뿐이다. 그들은 기껏해야 본인에게 해당하는 진실만 이야기할 수 있을 뿐 우리에게는 아무것도 알려주지 못한다. 인생의 구루guru(스승─옮긴이) 같은 건 존재하지 않는다. 모든 사람은 그 길이 다르기 때문이다.

우리가 느끼는 고통은 "삶의 질문에 대해 부적절하거나 잘못된 해답을 내놓고 만족하려"[17] 했던 사람의 영혼이 겪는 고통이라고 융은 우리에게 상기시킨다. 따라서 삶은 제약투성이이고 우리의 지평에는 한계가 있으며 우리가 지닌 프리즘은 원초적인 수준에 불과함을 깨닫고 나면, 다른 배로 옮겨 타거나 어쨌든 같은 배로 항해를 계속해야 한다. 자신의 여정이 타인에게 끼칠 영향을 걱정하는 사람이 있다면 이렇게 말해주고 싶다. 이들을 위해 우리가 해줄 수 있는 최상의 길은 우리의 삶을 명징하게 삶으로써 그들도 자신의 삶을 살 자유를 주는 것이라고. 이는 부모와 자식 사이에 특히 부합한다고 융은 생각했다. 릴케는 이렇게 노래했다.

때로 어떤 이는 저녁식사를 하다 일어나
문밖으로 나가 계속 걷는다,

동쪽 저 어딘가 서 있는 교회 때문에.
그의 자식들은 축복의 말을 건넨다, 마치 그가 죽
기라도 한 것처럼.
그리고 또 다른 이는 계속 자기 집 안에
머물러 있다. 그릇 속에, 풀 속에,
자기 자식들이 저 멀리 세상으로 나설 수 있도록
자신이 잃어버린 그 교회를 향해.[18]

중간항로를 거친 후에는 그 여행의 종착지가 어딘
지 누구도 말하지 못한다. 자신에 대한 책임을 받아들여
야 하고, 다른 사람의 길이 반드시 내 길은 아니며, 우리
가 찾아 헤매는 것은 결국 바깥이 아니라 자신 안에 있다
는 사실만을 알 수 있을 뿐이다. 몇백 년 전 성배의 전설
이 시사하는 것처럼, "다른 사람이 이미 간 길을 따라가
는 건 부끄러운 일이다".[19] 오직 우리 자신의 내면에서만
우리는 영혼이 주는 격려를 느낄 수 있다. 2차 성인기가
1차 성인기와 다른 점은 외면의 진실보다 내면의 진실을
강조하는 데 있다. 다시 말하지만, 융은 우리에게 이렇게
상기시킨다. "의식적으로 내면의 목소리가 지닌 힘을 따
르는 사람만이 인격을 완성한다."[20]

의식적으로 행동하는 것이 중요하다. 그렇게 하지
않으면 우리는 콤플렉스에 지배당하고 말 것이다. 우리

안에 있는 영웅은 개성화라는 부름에 응답해야 한다. 외부세계의 불협화음에서 벗어나 내면의 목소리에 귀 기울여야 한다. 내면의 목소리가 이끄는 대로 살아가는 길을 선택하면 우리는 인격을 얻을 수 있다. 지금껏 우리를 알고 있다고 생각한 이들에게는 우리가 낯선 사람처럼 느껴질지도 모르지만, 적어도 우리 자신에게는 더 이상 이방인이 아니다.

중간항로라는 의식적 경험에서는 지금껏 내면화시킨 경험의 총합과 진정한 자신을 분리해야 한다. 그러면 우리는 주술적 사고에서 영웅적 사고로, 그리고 다시 인간적 사고로 변모할 수 있다. 타인과의 관계에서 우리는 의존성을 탈피하며 타인보다 자신에게 더 많은 질문을 던질 것이다. 자아가 참패하고 나면 우리는 외부세계, 즉 경력·애정관계·권력·만족의 원천과의 관계에서 자신의 위치를 새롭게 찾아야 한다. 자신에게 더 많은 질문을 던짐으로써, 우리는 타인이 자신에게 줄 수 없는 것을 이유로 타인에게 실망하지 않을 수 있다. 우리의 여정이 우리의 책임이듯이, 타인의 가장 큰 책임은 그들의 여정을 이끄는 것임을 받아들이게 된다. 육체의 유한성과 더불어 인간이기 때문에 갖는 허약함 역시 점점 잘 이해할 수 있다.

용기를 계속 지닐 수 있다면, 중간항로는 한때 잃어

버렸던 삶으로 우리를 다시 이끌어준다. 그 모든 불안에도 불구하고 신기하게 자유로운 느낌이 든다. 스스로와 중요한 연결을 맺고 있는 한, 자신 밖에서 일어나는 일은 그렇게 중요하지 않음을 깨달을지도 모른다. 새롭게 찾아낸 내면세계와의 관계는 단순히 외부에서 입은 손실과 균형을 맞추는 역할 이상을 한다. 영혼의 여정이 풍부해지면 이는 적어도 세속의 성취만큼이나 우리에게 보람을 안겨준다.

융이 던지는 핵심 질문을 돌이켜보자. "우리는 무한한 그 무엇과 연결되어 있는가?"[21] 가장 중요한 몇 가지를 구체화시키지 않는다면 우리 삶은 의미가 없다. 거대한 수수께끼의 에너지는 개념이 잡히고 나면 한동안 기다리다가 다른 곳으로 떠나버린다. 우리는 관대한 주인이 되어 빛나는 잠깐의 정지 상태를 받아들여야 할 것이다.

마지막으로, 릴케의 시구를 묘비명으로 삼아보자.

나는 점점 자라나
이 세상의 것들 위로 벗어난 궤도 안에서 살아
간다.
아마 나는 마지막을 이뤄낼 수 없겠지만,
시도는 할 수 있을 것이다.

나는 신의 주위를 돈다, 고대의 탑 주위를,
이미 천 년 동안을 그렇게 돌아왔다.
그리고 나는 아직도 내가 매인지, 폭풍인지,
아니면 위대한 노래인지 알지 못한다.[22]

주석

서문

1. C. G. Jung. *Letters* (Bollingen Series XCV). 2 vols. trans. R.F.C. Hull. ed. G. Adler, A. Jaffé. Princeton: Princeton University Press, 1973. vol. 1, 375쪽.

2. Louis Untermeyer, ed. *A Concise Treasury of Great Poems*. New York: Simon and Schuster, 1942. 299쪽.

1장

1. Ernest Bernbaum, ed. *Anthology of Romanticism*. New York: The Ronald Press Co., 1948. 232쪽.

2. Eugene O'Neill. *Complete Plays*. New York: Viking, 1988. 212쪽.

2장

1. Thomas Hobbes. *Selections*. New York: Charles Scribner's Sons, 1930. 106쪽.

2. Matthew Arnold. *Poetry and Criticism of Metthew Arnold*, New York: Houghton Mifflin, 1961. 187쪽.

3. C. G. Jung. "Psychotherapists or the Clergy," *Psychology and Religion: West and East. The Collected Works* (Bolligen Series XX), 20 vols. trans. R. F. C. Hull. ed. H. Read, M. Fordham, G. Adler, Wm. McGuire. Princeton: Princeton University Press, 1953~1979. vol. 11, par. 497. 앞으로 *The Collected Works*는 *CW*로 표기한다.

4. Dietrich Bonhoefer. *Letters and Papers from Prison*. trans. Eberhard Bethage. New York: MacMillan, 1953. 210쪽.

5. James Agee. *A Death in the Family*. New York: Bantam, 1969. 11쪽.

6. 같은 책, 15쪽.

7. William Wordsworth. "The Prelude," *Poetical Works of Wordsworth*. New York: Oxford University Press, 1960. 570쪽.

8. Martin Heidegger. *Being and Time*. trans. John Marquarrie. New York: Harper and Row, 1962. 97쪽.

9. Jung. "The Symbolic Life," *The Symbolic Life. CW* 18권, par. 352.

10. Jung. *Psychology and Alchemy. CW* vol. 12, par. 346.

11. Robert Johnson. *He: Understanding Male Psychology*. New York: Harper and Row, 1977. 82~83쪽.

12. Sam Kean and Anne Valley-Fox. *Your Mythic Journey*. Los Angeles: Jeremy P. Tarcher, Inc., 1989. 26쪽 참조.

13. 마가복음 10장 7-8절.

14. Henry Thoreau. *The Best of Walden and Civil Disobedience*. New York: Scholasitc Books, 1969. 15쪽.

15. Marie-Louise con Franz. *Projection and Re-Collection in Jungian Psychology: Reflections of the Soul*. LaSalle, IL: Open Court, 1988. 9ff쪽.

16. William Butler Yeats. *The Collected Poems of W. B. Yeats*. New York, MacMillan, 1963. 191쪽.

17. Alfred North Whitehead. *Nature and Life*. New York: Greenwood Press, 1968. 126쪽.

18. Dylan Thomas. "Fern Hill," *Collected Poems*. New York: New Directions Publishing Co., 1946. 180쪽.

19. Joseph Campbell. *The Power of Myth. With Bill Moyers*. New York: Doubleday, 1988. 126쪽.

20. Philip Roth. *Goodbye, Columbus and Five Short Stories*. Boston: Houghton Mifflin, 1959 참조.

21. Martin Price. *To the Palace of Wisdom*. New York: Doubleday, 1964. 432쪽.

22. Jung. "Psychoanalysis and Neurosis," *Freud and Psychoanalysis*. *CW* vol. 4, par. 563.

23. Rainer Maria Rilke. *Leeters to a Young Poet*. trans. M.D. Herter Norton. New York: W.W. Norton and Co., 1962. 69쪽.

24. 2장 각주 3 참고.

25. Jung. "The Significance of the Unconscious in Individual Education," *The Development of Personality*. *CW* vol. 17, par. 154.

3장

1. Jung. *Symbols of Transformation*. *CW* vol. 5, par. 553.

2. 같은 책, par. 551.

3. Jung. *Two Essays on Analytical Psychology*. *CW* vol. 7, par. 246.

4. Jung. "The Structure and Dynamics of the Self," *Aion*. *CW* vol. 9ii, par. 423.

5. Gail Sheehy. *Passages: Predictable Crises of Adult Life*. New York: Bantam, 1977. 152쪽에서 재인용.

6. 이 과정에 대한 자세한 연구는 John Sanford. *The invisible Partners: How the Male and Female in Each of Us Affects Our Relationships*. New York: Paulist Press, 1980 참고.

7. Aldo Carotenuto. *Eros and Pathos: Shades of Love and Suffering*. Toronto: Inner City Books, 1989 참고.

8. Jung. "The Symbolic Life," *The Symbolic Life*. *CW* vol. 18, par. 630.

9. Rainer Maria Rilke. *Letters of Rainer Maria Rilke*. trans. Jane Green and M. D. Herter Norton. New York: W. W. Norton and Co., 1972. 57쪽.

10. Friedrich Nietzsche. "Human, All Too Human," *The Portable Nietzsche*. trans. Walter Kaufmann. New York: Viking, 1972. 59쪽.

11. Howard M. Halpern. *How to Break Your Addiction to a Person*. New York: Bantam, 1983. 13ff쪽.

12. 이러한 정신적 마비 상태의 원인은 Guy Corneau. *Absent Fathers, Lost Sons: The Search for Masculine Identity*. Boston: Shambhala Publication,Inc., 1991.; Robert Bly. *Iron John: A*

Book About Men. Reading, Mass: Addison-Wesley Publishing Co., 1990.; Robert Hopcke. *Men's Dreams, Men's Healing*. Boston: Shambhala Publising, Inc., 1989.; Sam Keen. *Fire in the Belly: On Being a Man*. New York: Bantam, 1991. 등의 연구 서적에서 탐색된 바 있다.

13. Robert Hopcke. *Men's Dreams, Men's Healing*. Boston: Shambhala Publising, Inc., 1989. 12쪽.

14. Katherine Moore. *Vicorian Wives*. London: Allison and Busby, 1987. 89-90쪽.

15. 아니무스의 발달과 여성성의 확립 사이에서 균형을 잡는 행위에 대한 훌륭한 연구서로는 부녀간의 영향을 다룬 Linda Leonard. *The Wounded Woman: Healing the Father-Daughter Relationship*. Boston: Shambhala Publications, Inc., 1983. 모녀관계를 다룬 Kathie Carlson. *In Her Image: The Unhealed Daughter's search for Her Mother*. Boston: Shambhala Publications, Inc., 1988; Marion Woodman. *Addiction to Perfection: The Still Unravished Bride*. Toronto: Inner City Books, 1982.; Marion Woodman. *The Pregnant Virgin: A Process of Psychological Transformation*. Toronto: Inner City Books, 1985.; Marion Woodman. *The Ravaged Bridegroom: Masculinity in Women*. Toronto: Inner City Books, 1990. 등이 있다.

16. 개인적 대화.

17. David Wagoner. *A Place To Stand. Bloomington*. IN: Indiana University Press, 1958. 23쪽.

18. E. E. Cummings. "My Father Moved through Dooms of

Love," *Poems 1923-1954*. New York: Harcourl, Brace and Co., 1954. 375쪽.

19. Abraham Lincoln. *The Lincoln Treasury*. Cicago: Wilcox and Follet, 1950. 292쪽.

20. Stephen Dunn. *Not Dancing*. Pittsburgh: Carnegie-Mellon University Press, 1984. 39-40쪽.

21. 같은 책, 41쪽.

22. T. S. Eliot *The Complete Poems and Plays*. Harcourt, Brace and World, 1952. 5쪽.

23. Stephen Dunn. *Landscape at the End of the Century*. New York: W.W. Norton and Co., 1991. 33-34쪽.

24. Jung. "Commentary on 'The Secret of the Golden Flowers'," *Alchemical Studies*. *CW* vol. 13, par. 81.

25. 갈라디아서 2장 20절.

26. Jung. "Psychological Factors in Human Behavior," *The Structure and Dynamics of the Psyche*. *CW* vol. 8, par. 255.

27. Jung. *Psychological Types*. *CW* vol. 6.

28. Terence. "Heauton Timorumenos," *Comedies*. Chicago: Aldine Publishing Co., 1962. 77쪽.

4장

1. Dante Alighieri, *The Comedy of Dante Alighieri*. trans. Dorothy Sayser. New York: Basic Books, 1963. 8쪽.

2. Aristotle. *Poetics*. ed. and trans. Francis Ferguson. New York: Hill and Wang, 1961. 68쪽.

3. T. S. Eliot. "Tradition and the Individual Talent," *Critical Theory Since Plato*. ed. Hazard Adams. New York: Harcourt, Brace, Jovanovich, Inc., 1970. 78쪽.

4. Johann Wolfgang von Goethe. *Faust*. trans. Walter Kauffmann. New York: Anchor Books, 1962. 93쪽.

5. 같은 책, 161쪽.

6. 이에 대한 상세한 심리학적 연구는 Edward F. Edinger. *Goethe's Faust: Notes for a Jungian Commentary*. Toronto: EBSCO: Inner City Books, c1990. 참조.

7. Gustave Flaubert. *Madame Bovary*. trans. Paul de Man. New York: W. W. Norton and Co., 1965. 211쪽.

8. 같은 책, 230쪽.

9. Fyodor Dostoyevsky. *Notes from Underground*. trans. Andrew McAndrew. New York: Signet, 1961. 90-93쪽.

10. 같은 책, 101쪽.

11. 같은 책, 113쪽.

12. 같은 책, 202쪽.

13. 같은 책, 203쪽.

14. Franz Kafka. *Seleceted Short Stories of Franz Kafka*. trans. Willa and Edwin Muir. New York: The Modern Library, 1952. xx쪽.

15. Guillanume Apollonaire. *In An Anthology of French Poetry from Nerval to Valery in English Translation*. New York: Doubleday Anchor Books, 1962. 295쪽.

16. Richard Ellman. *Yeats: The Man and the Masks*. New York: Dutton, 1948. 186쪽 참고.

17. Theodore Roethke. "Frau Bauman, Frau Schmidt, and Frau Schwartze," *The Collected Poems of Theodore Rothke*. New York: Doubleday and Co., 1966. 144쪽.

18. Richard Hugo. *Making Certain It Goes On: The Collected Poems of Richard Hugo*. New York: W.W. Norton and Co., 1984. 48쪽.

19. James Hillman. *Healing Fiction. Barrytown*, NY: Station Hill Press, 1983.

20. Diane Wakoski. "The Photos," *Emerald Ice: Selected Poems 1962-87*. Santa Rosa, CA: Black Sparrow Press, 1988. 295-296쪽.

21. Diane Wakoski. "The Father of My Country," 같은 책, 44쪽.

22. 같은 책, 48쪽.

23. Sylvia Plath. "Ariel," *The Collected Poems*. New York: Harper and Row, 1981. 42쪽.

24. Apollonaire. *In An Anthology of French Poetry from Nerval to Valery in English Translation*. 252쪽.

5장

1. Christopher Fry. *A Sleep of Prisoners*. New York: Oxford University Press, 1951. 43쪽.

2. C. G. Jung. *Memories, Dreams, Reflections*. trans. Richard and Clara Winston. Ed. A. Jaffé. New York: Vintage Books, 1965. 140쪽.

3. Elaine Pagels. *The Gnostic Gospels*. New York: Vintage Books,

1981. 152쪽.

4. Friedrich Hölderlin. "Patmos," *An Anthology of German Poetry from Hölderlin to Rilke*. Ed. Angel Flores. New York: Dobuleday Anchor Books, 1960. 34쪽.

5. Jung. "The Symbolic Life," *The Symbolic Life*. CW vol. 18, pars. 632, 673-674.

6. Jung. "Definitions," *Psychological Types*. CW vol. 6, par. 755.

7. 같은 책, par. 758.

8. Jung. "Adaptation, Individuation, Collectivity," *The Symbolic Life*. CW vol. 18, par. 1095.

9. Jung. "The Psychology of the Transference," *The Practice of Psychotherapy*. CW vol. 16, par. 400.

10. Jung. *Memories, Dreams, Reflections*. 325쪽.

6장

1. Marianne Moore. *The Complete Prose of Marianne Moore*. New York: Viking, 1986. 96쪽.

2. Blaise Pascal. *Pensées*. New York: Dutton, 1958. 39쪽.

3. Friedrich Nietzsche. *The Portable Nietzsche*. trans. Walter Kaufmann. New York: Viking, 1972. 164쪽.

4. Jung. "Introduction to Wickes's 'Analyse der Kinderseele'," *The Development Personality*. CW vol. 17, par. 84.

5. Jung. *Memories, Dreams, Reflections*. 170ff쪽.

6. Joseph Campbell. *This Business of the Gods: In Conversation with Fraser Boa*. Caledon East, ON: Windrose Film Ltd., 1989.

104-108쪽 참조.

7. Roger Berthoud. *The Life of Henry Moore*. New York: Dutton, 1987. 420쪽.

8. William Butler Yeats. *The Collected Poems of W. B. Yeats*. New York, MacMillan, 1963. 307쪽.

9. Nikos Kazantzakis. *The Saviors of God*. trans. Kimon Friar. New York: Simon and Schuster, 1960. 102쪽.

10. Rainer Maria Rilke. *Selected Poems of Rainer Maria Rilke*. trans. Robert Bly. New York: Harper and Row, 1981. 147쪽.

11. Jung. "Archetypes of Collective Unconscious," *The Archetypes and the Collective Uniconscious*. *CW*. vol. 9i, par. 66.

12. Dylan Thomas. "The Force That Through the Green Fuse Drives the Flower," *Collected Poems*. New York: New Directions Publishing Co., 1946. 10쪽.

13. Wallace Stevens. "Sunday Morning," *The Collected Poems of Wallace Stevens*. New York: Alfred A. Knopf, 1954. 106쪽.

14. Rainer Maria Rilke. *Duino Elegies*. trans. C.F. MacIntyre. Berkeley: University of California Press, 1963. 73쪽.

15. Jung. *Letters*. 483쪽.

16. C. P. Cavafy. *The Complete Poems of Cavafy*. trans. Rae Dalven. New York: Harcourt, Brace and World, 1961. 36-37쪽.

17. 5장 주 2 참조.

18. Rilke. *Selected Poems of Rainer Maria Rilke*. 49쪽.

19. Chretien de Troyes. *The Story of the Grail*. trans. R. W. Linker. Chapel Hill: University of North Caroline Press, 1952. 94쪽.

20. Jung. "The Development of Personality," *The Development of Personality*. *CW* vol. 17, par. 308.

21. 5장 주 10 참조.

22. Rilke. *Selected Poems of Rainer Maria Rilke*. 13쪽.

참고문헌

중년에 관하여

Sharp, Daryl. *The Survival Papers: Anatomy of a Midlife Crisis*. Toronto: Ineer City Books, 1988.

Sheehy, Gail. *Passages: Predictable Crises of Adult Life*. New York: Bantam, 1977.

Stein, Murray. *In Mid-Life: A Jungian Perspective*. Dallas: Spring Publications, Inc., 1983.

여성에 관하여

Carlson, Kathie. *In Her Image: The Unhealed Daughter's search for Her Mother*. Boston: Shambhala Publications, Inc., 1988.

Godwin, Gail. *Father Melancholy's Daughter*. New York: Morrow, 1991.

Johnson, Robert. *She: Understanding Feminine Psychology*. New York: Harper and Row, 1977.

Leonard, Linda. *The Wounded Woman: Healing the Father-Daughter Relationship*. Boston: Shambhala Publications, Inc., 1983.

McNelly, Deldon Anne. *Animus Aeternus: Exploring the Inner Masculine*. Toronto: Ineer City Books, 1991.

Perera, Sylvia Brinton. *Descent to the Goddess: A Way of Initiation for Women*. Toronto: Inner City Books, 1981.

Woodman, Marion. *Addiction to Perfection: The Still Unravished Bride*. Toronto: Inner City Books, 1982.

_____. *The Pregnant Virgin: A Process of Psychological Transformation*. Toronto: Inner City Books, 1985.

_____. *The Ravaged Bridegroom: Masculinity in Women*. Toronto: Inner City Books, 1990.

남성에 관하여

Bly, Robert. *Iron John: A Book About Men*. Reading, Mass: Addison-Wesley Publishing Co., 1990.

Corneau, Guy. *Absent Fathers, Lost Sons: The Search for Masculine Identity*. Boston: Shambhala Publication,Inc., 1991.

Hopcke, Robert. *Men's Dreams, Men's Healing*. Boston: Shambhala Publising, Inc., 1989.

Johnson, Robert. *He: Understanding Male Psychology*. New York: Harper and Row, 1977.

Keen, Sam. *Fire in the Belly: On Being a Man*. New York: Bantam, 1991.

Levinson, Daniel J. *The Seasons of a Man's Life*. New York: Ballantine, 1978.

Monick, Eugene. *Castration and Male Rage: The Phallic Wound*.

Toronto: Inner City Books, 1991.

_____. *Phallos: Sacred Image of Masculine*. Toronto: Inner City Books, 1987.

Moore, Robert and Gillette, Douglas. *King, Warrior, Magician, Lover: Rediscovering the Archetypes of the Mature Masculine*. San Fransisco: Harper and Row, 1990.

관계에 관하여

Bertine, Eleanor. *Close Relationship: Family, Frendshipt, Marriage*. Toronto: Inner City Books, 1992.

Sanford, John. *The invisible Partners: How the Male and Female in Each of Us Affects Our Relationships*. New York: Paulist Press, 1980.

Sharp, Daryl. *Getting to Know You: The Inside Out of Relationship*. Toronto: Inner City Books, 1992.

유형론에 관하여

Kiersey, David and Bates, Marilyn. *Please Understand Me: Character and Temperament Types*. Del Mar, CA: Prometheus Nemesis Press, 1984.

Sharp, Daryl. *Personality Types: Jung's Model of Typology*. Toronto: Inner City Books, 1987.

내면세계에 관하여

Abrams, Jeremiah. *Reclaiming the Inner Child*. Los Angles: Jeremy P.

Tarcher, Inc., 1990.

Carotenuto, Aldo. *Eros and Pathos: Shades of Love and Suffering*. Toronto: Inner City Books, 1989.

Hall, James. *Jungian Dream Interpretation: A Handbook of Theory and Practice*. Toronto: Inner City Books, 1983.

_____. *The Jungian Experience: Analysis and Individuation*. Toronto: Inner City Books, 1986.

Jaffe, Lawrence W. *Liberating the Heart: Sprituality and Jungian Psychology*. Toronto: Inner City Books, 1990.

Johnshon, Robert. *Inner Work: Using Dreams and Active Imagination for Personal Growth*. San Fransisco: Harper and Row, 1986.

Storr, Anthony. *On Solitude: A Return to the Self*. New York: Ballantine Books, 1988.

일반 참고문헌

Agee, James. *A Death in the Family*. New York: Bantam, 1969.

Alighieri, Dante. *The Comedy of Dante Alighieri*. Trans. Dorothy Sayser. New York: Basic Books, 1963.

Apollonaire, Guillanume. *In An Anthology of French Poetry from Nerval to Valery in English Translation*. New York: Doubleday Anchor Books, 1962.

Aristotle. *Poetics*. Ed. and trans. Francis Ferguson. New York: Hill and Wang, 1961.

Arnold, Matthew. *Poetry and Criticism of Metthew Arnold*. New York: Houghton Mifflin, 1961.

Baudelaire, Charles. *An Anthology of French Poetry from Nevrval to Valery in English Translation*. New York: Doubleday Anchor Books, 1962.

Bernbaum, Ernest, ed. *Anthology of Romanticism*. New York: The Ronald Press Co., 1948.

Berthoud, Roger. *The Life of Henry Moore*. New York: Dutton, 1987.

Bonhoefer, Dietrich. *Letters and Papers from Prison*. Trans. Eberhard Bethage. New York: MacMillan, 1953.

Campbell, Joseph. *The Power of Myth*. With Bill Moyers. New York: Doubleday, 1988.

_____. *This Business of the Gods . . .* Based on the documentary film series of the same name. Joseph Campbell in conversation with Fraser Boa. Caledon East, ON: Windrose Film Ltd., 1989.

Cavafy, C. P. *The Complete Poems of Cavafy*. Trans. Rae Dalven. New York: Harcourt, Brace and World, 1961.

Cheever, John. *The Stories of John Cheever*. New York: Alfred A. Knopf, 1978.

Cummings, E. E. *Poems 1923-1954*. New York: Harcourl, Brace and Co., 1954.

de Troyes, Chretien. *The Story of the Grail*. Trans. R.W. Linker. Chapel Hill: University of North Caroline Press, 1952.

Dostoyevsky, Fyodor. *Notes from Underground*. Trans. Andrew McAndrew. New York: Signet, 1961.

Dunn, Stephen. *Landscape at the End of the Century*. New York: W.W. Norton and Co., 1991.

_____. *Not Dancing*. Pittsburgh: Carnegie-Mellon University Press, 1984.

Eliot, T. S. *The Complete Poems and Plays*. Harcourt, Brace and World, 1952.

_____. *In Critical Theory Since Plato*. Ed. Hazard Adams. New York: Harcourt, Brace, Jovanovich, Inc., 1970.

Ellman, Richard. *Yeats: The Man and the Masks*. New York: Dutton, 1948.

Flaubert, Gustave. *Madame Bovary*. Trans. Paul de Man. New York: W.W. Norton and Co., 1965.

Fry, Christopher. *A Sleep of Prisoners*. New York: Oxford University Press, 1951.

Gilligan, Carol. *In a Different Voice*. Cambridge: Harvard University Press, 1982.

Goethe, Johann Wolfgang von. *Faust*. Trans. Walter Kauffmann. New York: Anchor Books, 1962.

Halpern, Howard M. *How to Break Your Addiction to a Person*. New York: Bantam, 1983.

Heidegger, Martin. *Being and Time*. Trans. John Marquarrie. New York: Harper and Row, 1962.

Hillman, James. *Healing Fiction*. Barrytown, NY: Station Hill Press, 1983.

Hobbes, Thomas. *Selections*. New York: Charles Scribner's Sons,

1930.

Hölderlin, Friedrich. *An Anthology of German Poetry from Hölderlin to Rilke*. Ed. Angel Flores. New York: Dobuleday Anchor Books, 1960.

Hugo, Richard. *Making Certain It Goes On: The Collected Poems of Richard Hugo*. New York: W.W. Norton and Co., 1984.

Ibsen, Henrich. *A Doll's House and Other Plays*. New York: Penguin, 1965.

Jung, C.G. *Letters* (Bollingen Series XCV). 2 vols. Trans. R.F.C. Hull. Ed. G. Adler, A. Jaffé. Princeton: Princeton University Press, 1973.

_____. *The Collected Works* (Bolligen Series XX), 20 vols. Trans. R.F.C. Hull. Ed. H. Read, M. Fordham, G. Adler, Wm. McGuire. Princeton: Princeton University Press, 1953-1979.

_____. *Memories, Dreams, Reflections*. Trans. Richard and Clara Winston. Ed. A. Jaffé. New York: Vintage Books, 1965.

Kafka, Franz. *Seleceted Short Stories of Franz Kafka*. Trans. Willa and Edwin Muir. New York: The Modern Library, 1952.

Kazantzakis, Nikos. *The Last Temptation of Christ*. New York: Simon and Schuster, 1960.

_____. *The Saviors of God*. Trans. Kimon Friar. New York: Simon and Schuster, 1960.

Kean, Sam and Valley-Fox, Anne. *Your Mythic Journey*. Los Angeles: Jeremy P. Tarcher, Inc., 1989.

Lincoln, Abraham. *The Lincoln Treasury*. Cicago: Wilcox and Follet,

1950.

Moore, Katherine. *Vicorian Wives*. London: Allison and Busby, 1987.

Moore, Marianne. *THe Complete Prose of Marianne Moore*. New York: Viking, 1986.

Nietzsche, Friedrich. *The Portable Nietzsche*. Trans. Walter Kaufmann. New York: Viking, 1972.

O'Neill, Eugene. *Complete Plays*. New York: Viking, 1988.

Pagels, Elaine. *The Gnostic Gospels*. New York: Vintage Books, 1981.

Pascal, Blaise. *Pensées*. New York: Dutton, 1958.

Plath, Sylvia. *The Collected Poems*. New York: Harper and Row, 1981.

Price, Martin. *To the Palace of Wisdom*. New York: Doubleday, 1964.

Rilke, Rainer Maria. *Duino Elegies*. Trans. C.F. MacIntyre. Berkeley: University of California Press, 1963.

_____. *Letters of Rainer Maria Rilke*. Trans. Jane Green and M.D. Herter Norton. New York: W.W. Norton and Co., 1972.

_____. *Leeters to a Young Poet*. Trans. M.D. Herter Norton. New York: W.W. Norton and Co., 1962.

_____. *Selected Poems of Rainer Maria Rilke*. Trans. Robert Bly. New York: Harper and Row, 1981.

Roethke, Theodore. *The Collected Poems of Theodore Rothke*. New York: Doubleday and Co., 1966.

Roth, Philip. *Goodbye, Columbus and Five Short Stories*. Boston: Houghton Mifflin, 1959.

Stevens, Wallace. *The Collected Poems of Wallace Stevens*. New York: Alfred A. Knopf, 1954.

Terence. *Comedies*. Chicago: Aldine Publishing Co., 1962.

Thomas, Dylan. *Collected Poems*. New York: New Directions Publishing Co., 1946.

Thoreau, Henry. *The Best of Walden and Civil Disobedience*. New York: Scholasitc Books, 1969.

Untermeyer, Louis, ed. *A Concise Treasury of Great Poems*. New York: Simon and Schuster, 1942.

con Franz, Marie-Louise. *Projection and Re-Collection in Jungian Psychology: Reflections of the Soul*. LaSalle, IL: Open Court, 1988.

Wagoner, David. *A Place To Stand*. Bloomington, IN: Indiana University Press, 1958.

Wakoski, Diane. *Emerald Ice: Selected Poems 1962-87*. Santa Rosa, CA: Black Sparrow Press, 1988.

Whitehead, Alfred North. *Nature and Life*. New York: Greenwood Press, 1968.

Wordsworth, William. *Poetical Works of Wordsworth*. New York: Oxford University Press, 1960.

Yeats, William Butler. *The Collected Poems of W. B. Yeats*. New York, MacMillan, 1963.

찾아보기